社会体育指导员国家职业资格培训教材

单板滑雪

（配技术动作视频）

国家体育总局职业技能鉴定指导中心　组编

中国教育出版传媒集团
高等教育出版社·北京

内容提要

本书根据国家职业资格证书制度的相关要求和《社会体育指导员国家职业技能标准(2020年版)》对单板滑雪运动社会体育指导员的能力要求编写。全书共五章,包括单板滑雪运动概述、单板滑雪技术、单板滑雪教学与指导、单板滑雪安全与体能训练、单板滑雪客户服务与沟通。

本书是单板滑雪运动社会体育指导员国家职业资格培训教材,同时可作为各类学校单板滑雪教学和大众滑雪爱好者的参考书。

图书在版编目(CIP)数据

单板滑雪 : 配技术动作视频 / 国家体育总局职业技能鉴定指导中心组编. -- 北京 : 高等教育出版社, 2025. 1. -- ISBN 978-7-04-063469-3

Ⅰ. G863.1

中国国家版本馆 CIP 数据核字第 2024YJ6653 号

单板滑雪(配技术动作视频)
DANBAN HUAXUE (PEI JISHU DONGZUO SHIPIN)

策划编辑 邓 玥　　责任编辑 徐群森　　封面设计 张 志　　版式设计 于 婕
责任绘图 李沛蓉　　责任校对 刘娟娟　　责任印制 存 怡

出版发行	高等教育出版社	网　　址	http://www.hep.edu.cn
社　　址	北京市西城区德外大街4号		http://www.hep.com.cn
邮政编码	100120	网上订购	http://www.hepmall.com.cn
印　　刷	肥城新华印刷有限公司		http://www.hepmall.com
开　　本	787mm×1092mm　1/16		http://www.hepmall.cn
印　　张	12		
字　　数	210千字	版　　次	2025年1月第1版
购书热线	010-58581118	印　　次	2025年1月第1次印刷
咨询电话	400-810-0598	定　　价	49.50元

物 料 号　63469-00

技能人才是实施人才强国战略、推动经济社会发展的重要支撑。党的二十届三中全会审议通过的《中共中央关于进一步全面深化改革、推进中国式现代化的决定》提出“着力培养造就卓越工程师、大国工匠、高技能人才”，对做好技能人才队伍建设工作提出了明确要求。

体育行业进入《中华人民共和国职业分类大典》的技能类职业（工种）主要有社会体育指导员、游泳救生员、滑雪巡救员、体育经纪人、体育场馆管理员、运动营养师等，其中社会体育指导员下设92个职业方向。建设一支高素质的体育技能人才队伍是构建全民健身公共服务体系、加快推进体育强国建设的重要支撑和保障。

为推进体育技能人才队伍建设，国家体育总局职业技能鉴定指导中心于2004年成立，负责体育行业职业技能鉴定工作的日常管理与技术指导。职业资格考核鉴定是一种标准参照式考试，也就是达标考试，考试合格者获取职业资格证书。职业资格证书是反映就业者专业知识和技能水平的证明，是从业者通过职业技能鉴定进入就业岗位的凭证。

为了规范从业者的从业行为，引导职业教育培训规范开展，国家体育总局职业技能鉴定指导中心组织编写了相关职业和项目的培训大纲、培训教材，作为职业教育培训、企业人力资源开发管理和从业人员学习掌握相关职业知识的参考材料。

培训教材以职业标准为依据、以职业活动为导向、以职业技能为核心，依据国家职业标准编写，不过分追求知识的系统性和完整性，保证培训内容符合职业实际，满足职业需要。

各职业的工作内容不断调整，专业技术发展很快，社会对体育服务的需求也在不断变化，我们会据此对培训教材及时进行调整和改进。鉴于编写人员的学识和经验有限，培训教材有待于市场进一步检验。不妥之处，敬请读者提出宝贵意见！

国家体育总局职业技能鉴定指导中心

2024年12月

前　言

为规范从业者的从业行为，引导职业教育培训的方向，为职业技能鉴定提供依据，依据《中华人民共和国劳动法》《中华人民共和国体育法》和《全民健身条例》等法律法规，适应经济社会发展和科技进步的客观需要，立足培育工匠精神和精益求精的敬业风气，中华人民共和国人力资源和社会保障部联合国家体育总局，制定了《社会体育指导员国家职业技能标准（2020年版）》（以下简称《标准》）。

按照《标准》，滑雪（单板）是社会体育指导员职业下设的职业方向之一，滑雪指导员分为初级、中级、高级、技师和高级技师五个等级。《标准》对从业人员的职业活动内容进行了规范描述，对各等级从业者的技能水平和理论知识水平进行了明确规定，国家体育总局职业技能鉴定指导中心根据《标准》组织编写了《单板滑雪》。本教材是滑雪（单板）社会体育指导员国家职业资格培训的推荐教材，也可作为各类学校单板滑雪教学用书和大众滑雪爱好者的参考书。

教材围绕滑雪（单板）指导员国家职业技能鉴定考核内容及标准编写，注重理论与实践结合，突出实用性，强调“易学易练”和“便于操作”。教材由刘仁辉担任主编，具体编写人员有：

第一章　单板滑雪运动概述　刘仁辉　吴颖

第二章　单板滑雪技术　刘仁辉　刘侠　李智鹏　张巍

第三章　单板滑雪教学与指导　刘仁辉　刘侠　张巍

第四章　单板滑雪安全与体能训练　鹿国晖　孙启宏　吴颖

第五章　单板滑雪客户服务与沟通　赖静　李铂　李昂　吴颖

在教材编写过程中，参考引用了相关文献资料，一并向相关作者表示感谢！

近年来，职业社会体育指导员队伍不断壮大，单板滑雪运动也在迅速发展，尚有很多热点问题需进一步探讨。文中不当之处，敬请读者指正。

编者

2024年9月

目　录

1 第一章 单板滑雪运动概述

【学习目标】

1. 了解单板滑雪运动的起源与发展。

2. 熟悉单板滑雪运动的分类和项目。

3. 掌握单板滑雪指导员的职业要求。

【导言】

单板滑雪起源于20世纪60年代中期的美国，在1998年被列为冬奥会正式比赛项目。它是把双脚固定在一块滑雪板上，在雪上进行滑降、回转等一系列技术动作的运动项目。本章概述了单板滑雪运动的起源与发展、项目和分类，并详细说明单板滑雪指导员的职业要求，以及职业资格培训和职业技能鉴定的要求。

第一节 单板滑雪运动的起源与发展

一、单板滑雪运动的起源

单板滑雪运动起源于美国，关于它的起源有很多故事。有一种说法是：1965年圣诞节，在美国密歇根州，一位叫谢尔曼·波彭的气体化学工程师把一对儿童滑雪板固定在一起，给孩子做了一个在雪坡上滑行的玩具，由此单板滑雪运动的雏形产生；还有一种说法是，单板滑雪运动起源于冲浪，它是夏季冲浪运动在雪地上的延伸。

二、单板滑雪运动的发展

在单板滑雪运动的发展过程中，有两位很重要的人物——杰克·波顿和汤姆·希姆斯。杰克·波顿在1977年创立了波顿（Burton）单板公司，一生致力于单板滑雪运动的宣传和推广（图1-1-1）；汤姆·希姆斯作为单板滑雪板最早的发明者之一，身上有很多光环：他不仅是世界冠军，还是发明家、营销人员和艺术家。这两位都是现代单板滑雪运动的先行者和塑造者。

图 1-1-1　杰克·波顿

1981年，第一场单板滑雪的正式比赛在美国科罗拉多举行，这使得单板滑雪日趋成熟并走进大众视野。杰克·波顿和汤姆·希姆斯分别主导了单板滑雪设备的完善与竞赛产业的形成两个方面，被视为现代单板滑雪运动的先驱。

1988年，美国业余单板滑雪协会成立，明确了业余单板滑雪比赛的项目与规则，随后举行了首届全美单板滑雪锦标赛；1990年国际单板滑雪联合会（ISF）成立，1993年世界单板滑雪锦标赛成功举办；随着单板滑雪爱好者的队伍不断壮大，单板滑雪运动技术体系也逐步建立起来。

1997年，首届冬季极限运动会（X-GAME）设置了单板滑雪项目，它作为全球竞技水平最高的职业赛事之一，加速了单板滑雪运动的推广和其商业价值的开发。随后大批滑雪场规划建造了专门的单板滑雪道和地形公园，单板滑雪竞赛与表演活动日益增多，大量优秀的单板滑雪滑手涌现并得到了丰厚的商业赞助。受益于多媒体渠道的传播力，单板滑雪在全球得到了广泛的普及和推广。

1998年，单板滑雪运动因其极佳的观赏性与商业价值成为日本长野第十八届冬奥会正式比赛项目（图1-1-2），比赛设大回转和U型场地技巧两个小项。目前在国际雪联的竞赛分类系统中，单板滑雪项目主要包括单板滑雪U型场地技巧、单板滑雪大跳台、单板滑雪坡面障碍技巧，单板滑雪平行大回转、单板滑雪障碍追逐。

图 1-1-2　单板滑雪成为冬奥会的正式比赛项目

单板滑雪因其“极限运动”的属性，曾给人们一种高危险、高难度的印象，它在形成之初还曾遭受不小的抵制；但随着人们对单板滑雪的深入了解和滑行技术的普遍提升，单板滑雪已经完全融入了冰雪运动的大家庭，单板滑雪爱好者也成为冰雪运动中一支极具影响力的生力军。

自2003年我国成立单板滑雪队以来，单板滑雪运动在中国的普及程度日益提高，相应的单板滑雪器材销售、俱乐部活动、业余和专业比赛都在不断发展。各地不同年龄与职业的雪友相互邀约，切磋技术，到冰天雪地的大自然中畅游，这使得单板滑雪除了具有运动属性外，同时还具有了休闲和社交属性（图 1-1-3）。单板滑雪地形公园也成了大型滑雪旅游度假区的标配之一。

图 1-1-3　单板滑雪的休闲和社交属性

在2022年第二十四届北京冬奥会上中国单板滑雪队参加了9个小项的比赛，实现了金牌“零的突破”。随着北京冬奥会的成功举办，大众对于滑雪运动的兴趣显著增长，雪场基础建设、滑雪品牌服务、技术认证管理乃至滑雪教学培训等方面都获得长足发展。大众单板滑雪的基本技术源于竞技单板滑雪，但竞技滑雪项目与大众滑雪项目之间存在差异，并且竞技技术也不完全适合大众滑雪爱好者，所以大众单板滑雪运动的规范教学和科学指导在滑雪运动的推广和普及过程中尤显重要。

第二节　单板滑雪运动的分类和项目

单板滑雪运动可以分为竞技单板滑雪和大众单板滑雪两大类，两者都包含很多小项，项目之间也有相似之处。但由于竞技单板滑雪追求竞技成绩，而大众单板滑雪追求休闲娱乐，所以两者在难度要求和表现形式上具有较大差异。

一、竞技单板滑雪

第二十四届北京冬奥会单板滑雪比赛共设11个项目，其中包括：男子和女子的平行大回转、障碍追逐、坡面障碍技巧、U型场地技巧、大跳台；还有单板滑雪障碍追逐混合团体（表1-2-1），这些都是竞技单板滑雪项目。

表1-2-1　第二十四届北京冬奥会单板滑雪项目

男子	女子
平行大回转	平行大回转
障碍追逐	障碍追逐
坡面障碍技巧	坡面障碍技巧
U型场地技巧	U型场地技巧
大跳台	大跳台
障碍追逐混合团体	

1. 平行大回转

平行大回转是竞速比赛项目，赛道设置红色和蓝色两趟旗门。比赛时两名运动员在两条雪道上同时出发，绕行旗门滑至终点，以时间成绩排名（图1-2-1）。比赛分为1/8决赛、1/4决赛、1/2决赛（胜者进入大决赛、败者进入小决赛）、小决赛（决出3、4名）、大决赛（决出1、2名）。

图1-2-1　平行大回转

平行大回转项目运动员使用竞速类滑雪板，这样的滑雪板板身较长，结构较硬，在高速滑行中能够保持稳定。

2. 障碍追逐

障碍追逐项目是竞速类项目，比赛时4~6名运动员同时出发，以回转、跳跃等方式通过由多种地形及障碍物组成的赛道，最先通过终点者为胜（图1-2-2）。在比赛中，无法避免的“无意身体接触”是允许的，但有意推、拉，干扰其他运动员的滑行都是犯规行为，犯规选手将被取消比赛成绩。

图1-2-2　障碍追逐

3. 坡面障碍技巧

坡面障碍技巧比赛在设有障碍、跳台、铁杆、平台的赛道上进行，由评分裁判员根据滑手滑行技术的完成质量评定名次（图1-2-3）。运动员使用的滑雪板相对较软，有利于在复杂地形中完成多样化的技术动作。

图1-2-3　坡面障碍技巧

4. 大跳台

大跳台的场地分为助滑区、起跳台、着陆坡和终点区四个部分。运动员采用与坡面障碍技巧类似的滑雪板，从高处滑行而下，通过起跳台起跳，在空中完成空翻、转体、抓板等技术动作后落地（图1-2-4）。

图1-2-4　大跳台

5. U型场地技巧

U型场地技巧比赛在U型雪槽中进行，裁判员依据运动员滑行的整体水平、飞起高度、技术难度、场地利用情况和创新性等方面的表现进行综合评分，得分高者获胜（图1-2-5）。运动员使用的滑雪板底部为弧形，具有短、宽、轻、软的特点，灵活性好，易于调整姿态。

图1-2-5 U型场地技巧

二、大众单板滑雪

大众单板滑雪也被称为雪上冲浪，它带有极限运动与街头文化的属性。单板滑手们崇尚前卫进取，他们通过艳丽宽大的服饰和新颖潮流的行为方式来彰显个性，在酣畅淋漓的滑行中发掘个人风格，弘扬积极乐观的人生态度。

目前大众单板滑雪主要有自由式滑行（Freestyle）、全山滑行（Freeride）和竞速滑行（Freecarve）三种主流技术。由于单板滑雪运动的很多术语来源于国外，所以很多术语都是先有英文后有中文，此外还有一些约定俗成的叫法。

1. 自由式滑行（Freestyle）

自由式滑行是滑手利用人工修建的道具（包括滑轨、跳台等）做出特技动作的滑行（图1-2-6）。例如滑手在特殊物体表面滑行并做出特技动作，像在杆子、箱子、长凳等道具上的滑行。自由式滑行也包括大跳台、U型场地、坡面障碍技巧和平地花式的一些技术。

图 1-2-6 自由式滑行

2. 全山滑行（Freeride）

全山滑行是滑手在没有修整的雪道、没有规划的线路或野外环境自由滑行（图1-2-7）。它是挑战大自然的滑行，包括道外滑行（off-piste）和野雪滑行（backcountry）等。滑手追求的是更陡的雪坡、更窄的山谷和更复杂的雪况。

图 1-2-7 全山滑行

3. 竞速滑行（Freecarve）

竞速滑行顾名思义就是以最快的速度通过线路的滑行方式，这要求滑手在修整过的滑道上利用板刃做出完美的转弯并高速通过（图1-2-8）。它包括单板高山

（alpine snowboarding）和单板追逐（snowboard cross）等形式。其独特的转弯技术被称作刻滑（carving turn），是指在转弯时滑雪板的板刃完全卡住雪面，没有一丝扫雪痕迹，所以雪道上只留下一条刀刻般纤细的弧形轨迹。

图 1-2-8　竞速滑行

大众单板滑雪除了这三种主流技术以外，还有其他技术分支，并且仍在不断发展中。

第三节　单板滑雪指导员的职业要求

单板滑雪指导员是在单板滑雪运动中，对参与者进行科学指导和安全保护的专业人员。

滑雪运动技术复杂，专业性强，容易发生运动损伤，目前已被国家正式列为高危险性体育项目。《全民健身条例》等法律法规要求，在滑雪经营场所从事单板滑雪运动指导的人员必须通过“滑雪（单板）指导员职业技能鉴定”考试，并取得国家职业资格证书后方可从事相关工作。

一、滑雪指导员职业性质

滑雪指导员归类于社会体育指导员，职业大典对滑雪指导员给出了明确定义：在群众性体育活动中从事滑雪运动技能传授，锻炼指导和组织管理工作的人员。

单板滑雪指导员作为一种职业有其自身的特点，它不同于滑雪教练员，它面对的是各种年龄、不同滑雪水平的大众滑雪者，除了要具备规范的基本滑雪技能外，还要具备相应的道德素质、文化素质、教学能力和服务意识等。我国的单板滑雪指导员主要由具有单板运动经历的运动员和教练员，以及经过培训的滑雪爱好者、学生等单板滑雪场运动相关人员组成（图1-3-1）。

图1-3-1　单板滑雪指导员

单板滑雪指导员的义务是发展单板滑雪运动，推动我国全民健身活动的开展，提高大众健身水平和健康水平。在我国全面实施《全民健身计划纲要》的背景下，单板滑雪指导员已经成为我国社会体育指导员群体中的一个重要部分，是我国滑雪市场不可缺少的重要组成群体，对推动群众体育发展有着积极意义。因此，加大培养单板滑雪指导员的力度，满足滑雪场和滑雪者的实际需求，促进我国滑雪指导员队伍的健康成长，引导大众科学健康滑雪，提高大众滑雪乐趣，这些将有利于滑雪市场的可持续发展。

1. 单板滑雪指导员的职责

（1）指导参加单板滑雪运动的群众学习和掌握单板滑雪运动技能；

（2）制订单板滑雪训练计划，指导群众进行单板滑雪训练；

（3）预防和处理单板滑雪训练过程中的运动损伤；

（4）制订紧急突发事件的安全预案；

（5）对群众性的单板滑雪训练、比赛、健身休闲等活动进行组织管理。

2. 滑雪指导员应具备的素质

（1）良好的职业道德；

（2）认真的工作态度，较强的服务意识；

（3）规范、熟练的滑雪技术；

（4）讲解、示范、组织的教学能力；

（5）预防损伤和救助的技能。

二、单板滑雪指导员职业资格培训

2009年，国务院颁布《全民健身条例》，规定“国家对以健身指导为职业的社会体育指导人员实行职业资格证书制度。以对高危险性体育项目进行健身指导为职业的社会体育指导人员，应当依照国家有关规定取得职业资格证书。”

现如今，中国冰雪运动的发展速度不断加快，人民生活质量日益提高，大众滑雪运动越发受到大众的追捧，从中国北方迅速走向全国各地，成为一项时尚的户外运动。滑雪相关产业及市场需求为专门人才的培养和教育提出了新的要求。滑雪指导员的培训和职业资格鉴定机制的建立，为我国滑雪体育事业的健康有序发展提供了人力资源保障。

三、单板滑雪指导员职业技能鉴定

2013年，国家体育总局、人力资源和社会保障部、国家工商行政管理总局、国家质量监督检验检疫总局、国家安全生产监督管理总局联合公布了《第一批高危险性体育项目目录公告》，该公告将滑雪纳入目录管理。这意味着，滑雪经营场所应按照《全民健身条例》中关于高危险性体育项目经营的相关规定，进行开放申请和运营。

同年，国家体育总局发布《经营高危险性体育项目许可管理办法》（以下简称《办法》），对相关规定进一步明确和细化，对滑雪指导员的培训、考核以及聘用做出了要求，《办法》中多处涉及对滑雪场所和滑雪指导员的要求。《办法》第二章“申请与审批”第六条提到“具有达到规定数量、取得国家职业资格证书的社会体育指导人员和救助人员”；第七条提到“社会体育指导人员、救助人员的职业资格证明”；第十条提到“社会体育指导人员和救助人员规定数量”。第三章“监督检查”第二十四条提到“经营者应当保证经营期间具有不低于规定数量的社会体育指导人员和救助人员。社会体育指导人员和救助人员应当持证上岗，并佩戴能标明其身份的醒目标识。”由此可见，滑雪指导员的培训与考核具有明确的法规要求，滑雪指导员的管理工作也具有相应的法律依据。

1. 鉴定考核的形式

单板滑雪指导员职业技能鉴定考试分为理论考试和实操考核两部分。理论考试以笔试、机考方式为主，主要考核从业人员从事本职业应掌握的基本要求和相关知识；实操考核包括个人技术、教学指导和附加项目，主要采用现场展示、现场模拟和口试等方式进行，考核从业人员从事本职业应具备的技能水平及其对安全防护知识的了解和掌握。

2. 鉴定考核的要求

针对本职业等级的鉴定范围、鉴定比重、考核时间、考核形式等，单板滑雪指导员初、中、高级职业技能鉴定都有详细的要求。

理论考试形式为闭卷笔试，总分为100分，其中社会体育指导员公共理论占30%，滑雪（单板）指导员专项理论占70%；实操考核形式为现场展示和现场模拟，总分为100分；初、中级实操考核包括个人技术45分，教学指导45分，附加项10分。

理论考试时间为120分钟，实操考核时间人均20分钟左右。理论考试和实操考核60分及格，单项成绩2年内有效。

【思考题】

1. 简述单板滑雪运动的起源和发展。

2. 竞技单板滑雪的项目有哪些?

3. 简述大众单板滑雪的主流技术。

4. 简述单板滑雪指导员的职业要求。

2 第二章 单板滑雪技术

【学习目标】

1. 了解单板滑雪的器材与维护。

2. 熟悉单板滑雪的装备和使用。

3. 掌握单板滑雪技术和旱雪滑行技术。

【导言】

本章主要介绍了单板滑雪器材装备的选取与使用，室外雪场的难度划分与非雪场地；详细介绍了单板滑雪的基础站姿与平地转向、基础S弯与刻滑技术，并进一步讲解滑行中的起跳与飞跃等公园技术。

第一节　单板滑雪器材装备

几乎每个初学滑雪的人都遇到过一个令人困惑的问题，就是选“单板”还是选“双板”？

一、单、双板选择

在滑雪运动中，单板与双板的选择不仅反映了个人偏好，也体现了不同的文化和运动精神。双板滑雪以其历史悠久和全球普及的特点，长期以来在雪场占据着主流地位。然而，近年来单板滑雪以其创新、时尚和炫酷的独特魅力迅速崛起，吸引了众多追求个性和自由的滑雪爱好者。单板的设计灵活多变，为滑手提供了更多的个性化选择和表达空间，更加强调独立性和自由精神。

在竞技层面，单板滑雪运动员不断推出高难度、炫酷且新颖的动作，这些创新不仅考验着运动员的技巧和创造力，也极大地提升了单板滑雪的观赏性和竞技性。

单、双板虽然都是在雪上滑行，但无论是滑行技术还是滑行风格都截然不同。而两种运动的难易程度则因人而异。

多数人觉得双板更容易在教练的正确指导下被初学者快速适应。单板的情况略有不同，由于其需要侧身滑行，与正常的运动习惯迥异，并且参与者的双脚同时被固定在滑雪板上，所以初学者会很不习惯。对于初学者来说，单板滑雪完美地诠释了何为“万事开头难”。

那么，初学者到底该如何选择呢？我们可以从以下几方面考虑。

1. 技术风格

在滑雪运动的领域中，双板滑雪因其历史悠久和技术体系的成熟规范，被誉为“绅士运动”。这种运动形式以其经典和传统的特点，深受广大滑雪爱好者的喜爱。相比之下，单板滑雪以其技术多样性和风格炫酷而著称，涵盖了公园、竞速和回转等多种技术风格，具有极高的观赏性。

2. 损伤部位

研究数据显示，初学滑雪，在自学的情况下，单板滑雪者受伤的概率要高于双板滑雪者。而选择正确的学习方式是降低风险的有效手段。另外，双板滑雪者的损伤部位主要集中在下肢，其次是肩部等；而单板滑雪者的损伤部位主要在腰部以上，其次是膝关节和腿部（图2-1-1）。

双板、单板易受伤的部位

图2-1-1　单板和双板滑雪的常见损伤部位

3. 运动装备

单板滑雪和双板滑雪的运动装备有相似之处，但由于技术原因，其滑雪板和滑雪鞋差异较大。单板滑雪通常是一块滑雪板和一双滑雪鞋；双板滑雪则是一副滑雪板、一副滑雪杖和一双滑雪鞋，装备体积和重量相对大一些。如果外出旅行，不管坐哪种交通工具，携带单板通常比双板要方便。

二、场地和难度

单板滑雪的培训和考核应在以机压雪道为主的大众滑雪场进行（图2-1-2），并应该根据各级别考核的具体要求规划出培训和考核区域。

图2-1-2 大众滑雪场地

（一）中国滑雪场难度划分

中国大众滑雪场通常根据难度差异划分雪道级别，同时分别用绿色、蓝色和黑色标识初、中、高级雪道（图2-1-3）。

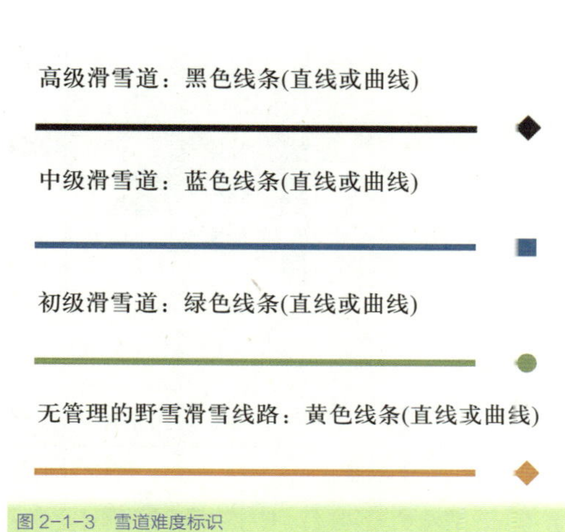

图2-1-3 雪道难度标识

（1）初级滑雪道：要平整宽敞，平均坡度不超过10°。

（2）中级滑雪道：平均坡度在10°~18°，最大坡度不超过22°。

（3）高级滑雪道：平均坡度超过

18°，最大坡度超过22°。

关于场地，我们还要掌握一个重要的概念即“滚落线”。假设在一个坡面顶端放置一个球体，任其自由向下滚落，那么它滚落的轨迹就是“滚落线”（图2-1-4）。

图2-1-4　滚落线

（二）各国滑雪场的雪道难度标识

不同国家标识雪道难度的颜色略有差别。大型雪场有几十条甚至上百条雪道，为满足滑雪爱好者健身娱乐和专业选手训练比赛的需求，通常会规划出难度更大的雪道并采用双黑标识。要了解滑雪场的难度还需了解坡度概念，即“坡比”“斜率”，或者说“百分比坡度”。

坡比：场地（雪道）垂直高度与水平距离的比值，即坡角“α”的正切值“$\tan\alpha$（坡比）”。通俗点说：水平距离100米的雪道如果垂直落差60米，那么它的坡比（百分比坡度）就是60%（图2-1-5）。

图2-1-5　坡比

由此可以换算出，坡比100%相当于角度45°的坡角（坡度），坡比47%相当于25°坡角（坡度），坡比32%相当于18°坡角（坡度），坡比19%相当于11°坡角（坡度），坡比12%相当于7°坡角（坡度）。最缓的初学坡，国外通常叫“兔子山”（bunny），它的坡比是最小的（图2-1-6）。

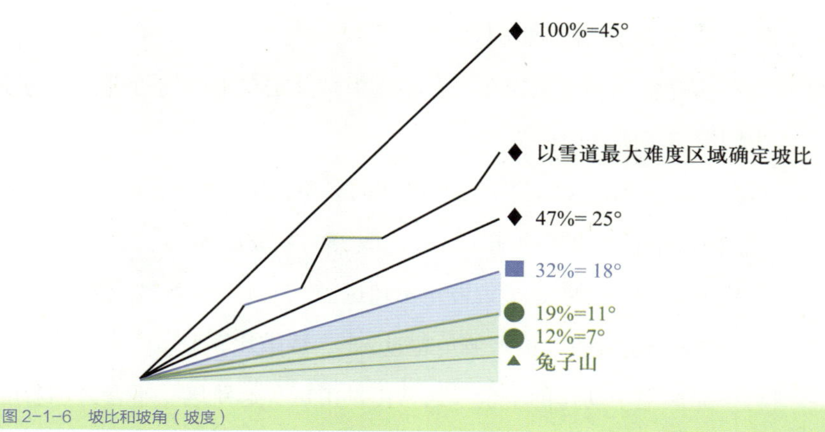

图2-1-6　坡比和坡角（坡度）

世界各地的滑雪场使用的雪道难度标识并不是统一的，常见的标识有以下几种（图2-1-7）。

绿道是初级雪道（欧洲是蓝道），是相对简单的雪道，一般都是比较宽的机压雪道，坡比在6%到25%之间。欧洲的绿道是初学者、儿童常采用的雪道，比初级雪道更容易。

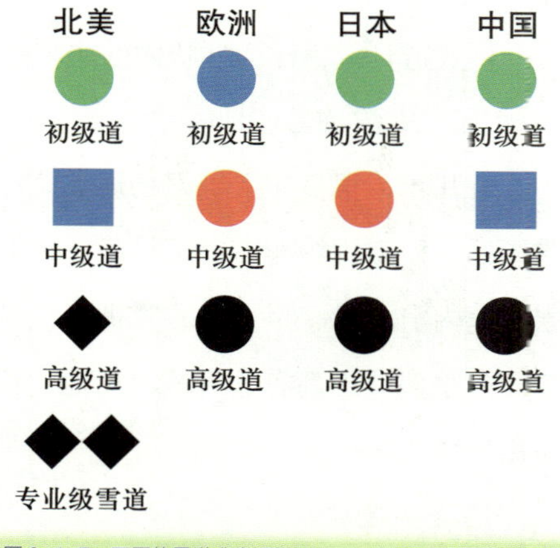

图2-1-7　不同的雪道难度标识

蓝道是中级雪道（欧洲、日本是红道），坡比相对大一些，一般在25%到40%之间，也是机压雪道，在雪场的雪道中占比最高，也是滑行人数最多的雪道。

黑道（黑钻）是高级雪道，坡比超过40%，可压雪，也可不压雪，每天都要标明雪道信息，有各种凸起，滑过后会留下的各种沟槽，可能有岩石等障碍物，甚至可能在冰川上滑行。

双黑道（双黑钻）是专家级雪道，这种雪道为最有经验的滑雪者设计，道上有陡坡和障碍，需要滑手具备较高的滑行技术、充沛的体力和应对各种突发状况的滑行经验。

另外，国外雪场还包括地形公园，其在国内一般叫作单板公园，其内的雪道上可以设置各种跳台和道具。野雪道，通常是指非机压雪道，也叫“道外”，由于其地形复杂，练习者需要跟随团队并由专业教练带领滑行。

某些雪场有获得国际雪联认证（FIS）认证的滑雪道，这表明其已经达到了举办相应级别比赛的标准，这是一个滑雪场跻身于世界一流行列的标志。

（三）单板滑雪指导员实操培训和考核场地

单板滑雪指导员实操培训和考核应在符合相应级别鉴定要求的场所进行，场地和设施须符合《中国滑雪场所管理规范》。

角度坡度（坡角、α）：场地（雪道）与水平面的夹角，用“°”表示。

初级雪道：宽敞平整，平均坡角不超过10°，或25%≥坡比>6%。

中级雪道：平均坡角10°～18°，最大坡角不超过22°，或40%≥坡比>25%。

高级雪道：平均坡角超过18°，最大坡角超过22°，或坡比>40%。

小跳台：滑行中完成空中动作的平台。通常由助滑区、起跳区、平台区和着陆区组成，平台区长度≤2米，起跳区最大坡角不超过30°或坡比≤50%。

箱式道具：带有顶盖的非雪制方形道具，一般为长方箱体形态，长3~6米，宽0.5~1.2米，高0.4~0.8米。

杆式道具：主体为柱状体的非雪制道具，通常为圆杆或扁平杆，长3~6米。

（四）非雪练习场地

近几年，很多非雪练习场地被广泛地应用于单板滑雪的非雪季训练中。例如旱雪场地、模拟机等非雪训练设备。在滑雪运动开展较早、市场也更为成熟的欧美国家，室内滑雪机、旱雪等非雪训练设备和技术更多地被应用于专业和业余训练。目前国内很多城市都有非雪练习场地，智能化室内滑雪机也已经遍布全国，而且数量在逐年递增。

1. 旱雪场地

旱雪场地是由人工搭建并采用合适材料铺设，在保证安全的前提下模拟真雪的滑感，为滑雪爱好者提供教学、训练和比赛的仿雪场地。

“旱雪”其实并不是雪，而是由金属和工程塑料合制而成的特殊地面“旱雪毯”。每根“雪”都是和金针菇形状相似的柱状体，因此也被称为“金针菇”。一根根“金针菇”根据需要拼接铺设成“旱雪毯”，并可以按区块拆装。

“金针菇”耐磨、不易断，且极富弹性，所以当滑雪板与其接触时，会展现滑行、转弯和急停等不同的摩擦系数，形成如同真雪一样的滑行效果。作为夏季滑雪训练的辅助手段，旱雪在滑雪运动发达的国家已被广泛使用（图2-1-8）。“金针菇”是旱雪产品的第三代，不仅环保、节能，运营成本低廉，而且安全系数非常高。与此同时，在喷雾和滑雪板打蜡的情况下，旱雪的仿真度极高，使用的滑雪板和技术动作也与滑真雪一模一样。滑旱雪使用的雪具护具和真雪完全一样，但参与者不再需要穿着厚厚的滑雪服，只需轻便着装，就能体验雪上的速度与激情。

图2-1-8　旱雪场地

2. 滑雪模拟机

滑雪模拟机的原理与跑步机类似，滑雪者在铺有雪毯的大型模拟雪坡上向下滑，雪毯下的传送带向上滚动，形成长度无限的雪道（图2-1-9）。模拟机的坡角可以调节，无论对“菜鸟”还是高手都适用。不同型号的模拟机也可以同时接纳不同数量的学员，最小的机器可容纳1-2人，最大型号能同时满足4-6人的练习需求。

图2-1-9　滑雪模拟机

除此以外，还有多种滑雪模拟器，有的类似于电脑游戏，系统利用3D成像技术在大屏幕上形成全景画面，体验者脚踩固定器，即模拟滑雪板，在设备上左右移动身体来模拟滑行。电脑不仅可虚拟滑行路线和景观，甚至可以模拟不同雪质和轻微颠簸。滑行时，传感器还将跟踪记录滑雪者的速度、姿势、轨迹等，使滑雪体验实现“数据化”，让人感受十分酷炫。

三、器材和装备

单板滑雪在基础技术之上，还有很多分支。而由于技术要求不同，这些分支项目所使用的装备也都有明显的差异。

（一）滑雪板

滑雪板是单板滑雪运动最主要的器材。

1. 滑雪板的种类

自从单板滑雪运动诞生以来，滑雪板的形状就随着新生的玩法而不断变化。所有的单板都会有一个特定的形状，这个形状取决于它的用途（图2-1-10）。

图2-1-10 滑雪板的种类

单向滑雪板在大部分地形上正向滑行时的表现是全能的，通常板头长且平，用以增加浮力，板尾向上弯曲幅度更大，以便沉到软雪中让板头浮出雪面。单向滑雪板在设计上主要特点有：中心点向板尾位移的锥形侧切；板头至板尾的弹性有变化；长且宽的板头；短且窄的板尾；偏向板尾的固定器安装嵌件（螺丝孔或者凹槽）。

双向滑雪板在两个方向的滑行表现都很好，无论正脚和反脚的滑行感觉都是相同的，所以常被用于自由式滑行。比如公园板就是典型的双向滑雪板。这类单板在设计上的主要特点有：完全对称的板头和板尾；滑雪板两个方向具有相同的弹性和侧切；装在滑雪板中心的固定器安装嵌件（螺丝孔或者凹槽）。

单向对称板以其优异的全能性而最受欢迎。这类滑雪板在设计上主要特点有：板头和板尾的形状、长度和宽度是相同的；固定器安装嵌件（螺丝孔或者凹槽）稍偏向板尾；部分滑雪板有锥形侧切设计；板头使用比板尾软的单向板芯。

2. 滑雪板的构造

从早期需要用拉绳辅助拉起板头滑行的木质滑雪板，到现在混合航天复合材料的层压式滑雪板，单板材质结构的设计随着时代的发展不断融入新的科技以增强其在雪上的表现。

现代单板主要由板芯、板刃、板底和板面组成。

板芯部分通常是将木条垂直拼接，外敷玻璃纤维或碳纤维层。为提高性能，减轻重量，部分高端滑雪板会使用聚氨酯泡沫，甚至航天复合材料制作板芯。

金属的板刃在硬度上会有所区别，高端滑雪板的板刃比较硬。单板滑雪指导员需要了解板刃的角度。底刃和侧刃的角度不同，对立刃的影响也不同，比如向上倾斜的底刃对初学者和道具玩家更有帮助。

板底通常使用P-tex材料，其制作工艺主要有两种——挤压板底和烧结板底。挤压板底较软，易修复，但吸蜡性差，因为这种方法形成的板底气孔很少。挤压板底一般被用在低端板或者租赁板上。烧结板底较硬，不易修复，但吸蜡性强，因为材料气孔多。烧结板底造价较高，一般被用于中高端滑雪板，其又因速度较快，成为追求滑行速度的滑雪板的标配。

板面的主要作用是为单板的顶部提供保护和印刷图案，对于单板滑雪这项充满个性的运动，炫酷的板面图案也是吸引年轻人的重要因素。

3. 滑雪板的性能

纵向硬度通常用于描述滑雪板的纵向软硬程度。根据滑雪板设计功能的不同，滑雪板的不同部分有不同硬度的设计。板头较软的滑雪板在粉雪中更容易做出顺滑的转弯。板腰较软的滑雪板更适合街式滑行和道具滑行。板尾较硬的滑雪板比较适合刻滑，并且对Ollie和跳台稳定的落地比较有帮助。

扭转硬度指滑雪板沿着纵向轴可拧转的程度。扭转硬度软的滑雪板容易拧转，也比较容易操控。初学者滑雪板通常设计成较软的扭转硬度，初学者即便力量不足，也能很容易地使滑雪板做出反应。自由式玩家在滑道具时也喜欢选择扭转硬度软的滑雪板。

扭转硬度高的滑雪板会对抗扭转的力，所以更容易做到整张滑雪板的立刃。这类滑雪板在高速下也能保持稳定，其更强的抓地力颇受U型场地及竞速运动员的喜爱。

滑雪板的拱形是指滑雪板从板头到板尾的屈面形状，从侧面最容易观察（图2-1-11）。单板从出现至今，拱形同样也有很大的革新。

图2-1-11 滑雪板的拱形

单板的拱形主要分为4类：正拱、反拱（香蕉板）、平底和混合（正拱/平底/反拱的组合）。

正拱滑雪板的侧面形状是弓形。正拱滑雪板放在平面上时，板头和板尾接触地面，其余部分离开地面，这个设计是为了让滑雪者的体重能够相对均衡地分布在整张滑雪板上。正拱滑雪板反应灵敏，稳定性强，回弹力大，是喜欢高速稳定滑行及跳跃动作的滑雪者的首选拱形。

反拱滑雪板（香蕉板）的侧面形状与正拱相反。滑雪板放在平面上时，板腰接触地面，板头和板尾离开地面。反拱滑雪板的灵敏度、稳定性与回弹力不如正拱滑雪板，但是反拱滑雪板更容易转向。因其板头更容易浮出雪面，所以反拱滑雪板比较适合粘转及冲浪式滑雪等。

平底滑雪板的侧面形状是纯平的。放在平面上时，除板头板尾翘起的部分外，其余部分全部贴合地面。平底滑雪板的表现介于正拱和反拱之间，比正拱灵活，比反拱稳定，还有一定的回弹力。它不仅适合野雪及自由式滑行，同样适用于初学者。

混合拱形滑雪板（正拱/平底/反拱的组合）的侧面形状是正拱、平底和反拱的组合。例如，固定器之间的部分设计成平底或者正拱，固定器向外的部分设计成反拱。最常见的类型是板头到板尾是反拱，而两个固定器下面的部分是正拱。这样既保留有更多浮力及容易轴转的优点，又提供了一定的稳定性及回弹力。这些特点让它成为可以覆盖大量地形的全能型滑雪板。

还有一种很受欢迎的设计，通常是具有方向性的锥形滑雪板，板尾是燕尾型（板尾中间切成V形），板头设计成反拱翘起，从前脚固定器至板尾是正拱。这类滑雪板在树林和粉雪里表现非常好。

4. 选择滑雪板

（1）滑雪板长度。滑雪板的长度是指板头到板尾的长度。适用于大部分成年人的板长范围大概是136~160厘米，儿童使用的板长则可短至70厘米。长滑雪板更适于滑行，而短滑雪板比较适合初学者和自由式滑雪者。

大多数的制造商都推荐根据滑雪者的体重和身高去选择滑雪板。每个滑雪板都有适用的体重范围，如果滑雪者的体重偏向滑雪板适用范围最轻的体重，那么他就会感觉滑雪板会比较硬，也有点长；反之，如果他的体重偏向滑雪板适用范围最大的体重，那么他会感觉滑雪板容易操控。初学者通常参考个人身高来选择滑雪板的长度，将滑雪板直立，板头高度在肩膀到鼻子的范围内是比较合适的（图2-1-12）。使用者如果追求高速稳定滑行，可以选择偏长的滑雪板，如果追求灵活操控可以选择偏短的滑雪板。

图2-1-12　滑雪板的长度

（2）腰宽。腰宽是单板最窄部分的宽度。腰宽决定了滑行过程中换刃的快慢。更窄的滑雪板可以更快速地发起一个转弯。板腰越宽，滑雪板在雪上的浮力越大，换刃越慢。除了对滑雪板性能有影响外，宽板也适用于鞋码在29厘米及以上的滑雪者。宽一点的滑雪板可以降低滑行者立刃时脚尖或脚跟触地的风险。

（3）侧切。侧切是指板子侧边弯曲弧度的大小，通常以半径来计算。侧切半径越小，滑雪板立刃滑出的弯就越紧凑。大部分成人滑雪板的理想转弯半径是7~9米。滑雪板的长度、侧切及侧切半径是影响滑行稳定性的因素。侧切半径小的短滑雪板一般只在低速滑行时才比较稳定，而侧切半径大的长滑雪板在高速滑行下也很稳定。

5. 选择站姿

站姿是指哪只脚为主动脚。当左脚为前脚时，称为左脚前（Regular）站姿，右脚为前脚时，称为右脚前（Goofy）站姿（图2-1-13）。有其他板类运动经验的初学者可能已经确定了他们的前脚。没有确定前脚的学员可以通过单板滑雪指导员的引导，基于自己的感受来确定前脚。单板滑雪指导员可以询问冲浪、滑板、滑水时哪只脚在前，在冰上滑动时哪只脚在前，在踢球的时候哪只脚是支撑脚，以此来帮助学员判断。

图2-1-13　站姿

如果确定前脚比较困难，可以让学员尝试鸭式站姿（外八字）——前脚稍向板头方向打开，后脚稍向板尾方向打开。这样可以比较容易地尝试左脚前和右脚前。随着课程的进展，鼓励学员选择一个主动脚，然后学员就可以学习连接前刃和后刃的转弯了。

（二）固定器

固定器的主要作用是连接滑雪鞋与滑雪板，正确选择固定器非常重要。经过多年的发展，固定器已由最初的橡胶绑带固定器演变为可精确调节的由工程塑料和金属制成的固定器。

1. 固定器的分类

按滑行方式不同，固定器可分为软固定器与硬固定器。

（1）软固定器。软固定器是现在绝大部分单板滑雪者的选择。

① 绑带固定器。绑带固定器由底盘、踝杯、背板、脚尖绑带和脚踝绑带组成（图2-1-14）。一般还会有一个可旋转的固定盘或者轨道系统，用来安装固定器并且调整角度。固定器在滑雪板的横向方向上也是可以调节的，以便使滑雪鞋和固定器位于滑雪板的中间。穿固定器时，需要先收紧脚踝绑带，让滑雪鞋的脚跟部分完全进入踝杯并贴合背板，然后收紧脚尖绑带。脚尖绑带应包裹住滑雪鞋的脚尖部分，且可以向下向后收紧。

图2-1-14　绑带固定器

② 快穿固定器。踏入式快穿固定器

简称快穿固定器，因为它没有绑带，所以人们可以在穿滑雪板时省去很多时间，同时也让操控更加简便（图2-1-15）。滑雪鞋沿背板方向踏入固定器，锁定跟腱和前脚掌两侧的连接装置，即完成滑雪鞋与固定器的连接；向上扳起踝杯外侧的释放开关，即可使滑雪鞋脱离固定器。固定器连接滑雪板方式与绑带固定器一致。

图2-1-15　快穿固定器

（2）硬固定器。硬固定器是金属板固定器，卡住硬滑雪鞋的脚趾和脚后跟位置。这种固定器有踏入式，或者有从脚后跟到脚趾的包裹系统（图2-1-16）。过旗门的竞速滑行和超动态的刻滑通常选用硬滑雪鞋配硬固定器。

图2-1-16　硬固定器

2. 软固定器的选择和维护

选择的固定器，一定要匹配滑雪鞋的大小。如果底盘和踝杯是整体的，固定器通常会有很多尺寸。注意滑雪鞋应该填满固定器底面的大部分空间。固定器过大会影响反应时间，固定器过小可能会引起不适。

购买固定器的时候要考虑它的耐用性和可靠性。固定器包含了所有的可拆卸部件，必须要使它们正确且牢固地固定好。这可能需要用螺丝刀经常调整，最好是每次滑行之前都去检查一下。

3. 软固定器的安装

（1）站姿宽度。站姿宽度是指两个固定器底盘中心点之间的距离。最小的站姿宽度是让两脚内侧之间的距离与肩外侧相等，另外一种确定站姿宽度的方法是测量脚底到膝盖的距离。宽站姿对于自由式滑行比较有帮助，因为可以增加双腿活动的范围，如压板、抓板、旋转。较窄的站姿更适合滑行，因为会让滑雪板中间的弯曲更大。有经验的滑雪者会根据自己的经验和舒适度来调节固定器的间距。

（2）站姿角度。站姿角度可以根据喜欢的滑行风格和舒适度调整，一般有多种有效的角度组合可选。无论左脚前站姿，还是右脚前站姿，当滑雪者双脚垂直于滑雪板纵向站立的时候，角度是前脚0°，后脚0°。脚尖指向板头的角度是正值，指向板尾的角度是负值。大部分的固定器与滑雪板的安装圆盘上有刻度标识，通常以3度为单位进行调节（图2-1-17）。

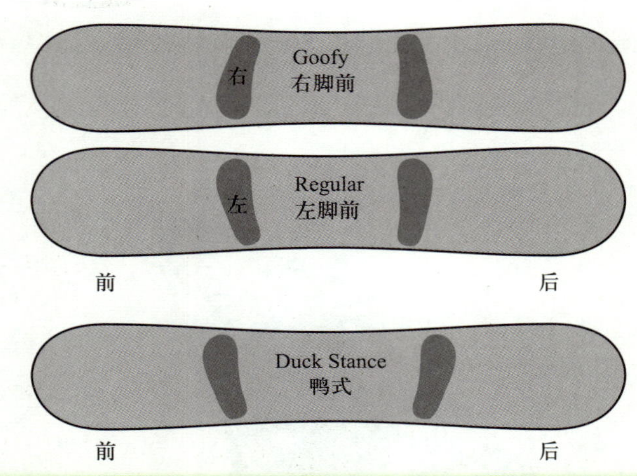

图2-1-17 站姿角度

常见的站位角度有：鸭式站姿（Duck Stance），前脚正角度、后脚负角度，这一站姿可以向两个方向滑行，适用滑行风格范围广；又如前脚+12°，后脚-6°，或者前脚+12°，后脚-12°；再如前脚正角度、后脚正角度，这种站姿对于大部分时间都倾向于一个方向滑行的滑雪者比较适用，适用于喜欢刻滑或追逐赛的人，比如前脚+18°，后脚+6°。

（3）固定器安装位置。为保证滑雪者穿好固定器后就与滑雪板保持平衡稳定的关系，固定器安装应采取居中原则。在理想状态下，纵向保证侧切中心点即滑雪板最窄的位置在两个固定器之间，横向保证脚底中心与前后刃中心点重合。现在大部分滑雪板都会在安装固定器的螺丝孔或者凹槽上标注出推荐的安装位置。如果感觉推荐安装位间距过窄或者过宽，可以将两个固定器等距外扩或者内收，以保持纵向平衡状态。向前刃或者后刃方向调整固定器，确定脚尖与脚跟露出板刃的距离相等后，找到安装底盘与滑雪板对应的螺丝孔或者凹槽，将螺丝拧紧。

（4）背板前倾角度。背板前倾角度的调节也很重要。背板的作用是帮助滑雪者保持脚踝和膝盖弯曲，并且在立刃（尤其是后刃）的时候提供支撑。如果滑雪者必须完全伸展双腿才能立起后刃的话，那么背板的前倾角度就要调大一些。如果脚踝处于过度弯曲的状态，没有继续弯曲的空间，背板的前倾角度就应该调小一些。

全山滑、刻滑和U型场地的滑雪者会用前倾较大的背板角度来实现更强的立刃。自由式滑雪者，尤其是主要滑铁杆道具的人，他们倾向于使用最小的前倾角度，为脚踝提供足够的空间，使脚踝可以在很多方向上运动。

（三）滑雪鞋

单板滑雪鞋自出现以来，经历了设计、材质、科技等方面的一系列变革。作为单板滑雪过程中穿着时间最长的硬件装备，一双合脚、舒适、保暖且功能性强的滑雪鞋显得尤为重要。

1. 软鞋

软鞋是最常见的单板滑雪鞋（图2-1-18）。软鞋的收紧方式包括传统的鞋带、拉绳快穿和BOA旋钮系统。为方便儿童自己穿脱滑雪鞋，尼龙魔术贴是最常见的儿童软鞋收紧方式。成人软鞋通常由舒适保暖的内鞋和防水保护的外鞋组成，大部分儿童软鞋设计为集合双层功能的单层滑雪鞋。大部分的内鞋通过系紧拉绳来固定在双脚上。单板滑雪指导员应该鼓励学员将内鞋和外鞋的鞋带都尽量系紧一些。

图 2-1-18　软鞋

（1）软鞋尺码选择。软鞋也会有一些前倾角度来让滑雪者保持脚踝和膝盖的轻微弯曲。在内外鞋收紧之后，脚踝与膝盖轻微弯曲至滑雪鞋的前倾角度，脚趾可以碰到内鞋尖端为长度理想状态；双脚活动空间过大或脚趾弯曲，则应重新选择鞋码；如长度合适但脚掌两侧过紧，则应选择加宽的滑雪鞋。

（2）软鞋种类选择。

① 自由式。自由式的滑雪鞋通常是最软的类型，可以提供更大的脚踝移动范围，这样可以最大限度地弯曲脚踝并保证动作的自由度。应用范围主要为铁杆滑行、平地自由式等。这类滑雪鞋的前倾角度通常比较小。

② 全山滑。全山滑的滑雪鞋会硬很多，并且能在保证舒适度前提下提供更强的

支撑。增加的硬度可以允许滑雪者直接利用滑雪鞋的结构帮助快速立刃。这类滑雪鞋通常前倾角度比较大。应用范围主要为刻滑、陡坡滑行和高速滑行。也有些自由式滑手喜欢这类滑雪鞋，因为可以增强他们在大跳台和U型场地的表现。

2. 硬鞋

硬鞋有一个塑料的外壳，没有系带系统，而是用锁扣来收紧，与双板滑雪鞋非常像（图2-1-19）。这些滑雪鞋的设计上脚踝会有一些前倾，但比起软鞋来讲，这类鞋灵活度要低得多，能够为滑雪者立刃提供最好的杠杆作用。硬鞋最常用于过旗门的竞速运动员或者超动态的刻滑。

图2-1-19　硬鞋

3. 滑雪鞋穿着方法

在选择到了合适的滑雪鞋之后，如何正确地穿着滑雪鞋也同样重要。

穿鞋时，可使大腿放平的坐姿高度为宜，将滑雪鞋内外鞋的鞋带或收紧系统松开至可完全打开滑雪鞋，然后将脚穿入滑雪鞋；确保滑雪鞋内只有雪袜及皮肤层保暖裤，切忌将中层保暖裤及雪裤塞进滑雪鞋里，这样既影响穿着的舒适度，也会影响滑雪鞋的收紧程度；脚跟着地，脚跟及小腿后侧贴紧滑雪鞋，将内鞋鞋舌调整至贴紧脚背及小腿前侧，然后抽动拉绳收紧内鞋，将拉绳放在内鞋外鞋中间；保持脚跟着地状态，调整外鞋鞋舌至居中的位置，然后系紧鞋带或收紧系统。

（四）滑雪服

1. 滑雪服的作用

滑雪服的主要作用是为了让滑雪者保持舒适、温暖、干燥，并且看起来很帅。单板的服装不应该限制滑雪者的动作（图2-1-20）。所以单板服一般比较大，袖子和衣服下摆会比较长，这样在穿固定器的时候可以提供更好的覆盖。帽子和头盔可以单独佩戴，也可以一起佩戴，它们是保持头部温暖干燥必不可少的装备。最好选择防风防水的雪裤和手套，这样可以阻止冷空气和湿气的进入。

2. 滑雪服的穿戴

最优的服装穿着方法应遵循三层穿衣法：皮肤层服装应具备吸湿排汗的功能，中间层为隔离保暖层，最外层穿防风防水的衣服。滑雪者可以根据需要增减衣服的层数来调节温度。

图 2-1-20 滑雪服

（五）护具

鉴于国内绝大部分雪场为人工造雪雪场，雪质偏硬，出于最基本的安全考虑，滑雪时应穿戴护具。基本护具应包括但不限于头盔、护臀、护膝、护腕、护甲。滑雪者可根据滑行需求选择穿戴护具种类，如初学者滑行速度较慢，滑行区域较平坦，很难借助雪道坡度降低摔倒时的冲击力，所以护臀护膝和头盔是基本配置；练习公园动作时，除上述基本配置外，还建议增加护甲和护腕。

1. 头盔

滑雪头盔为双层结构。内层为吸震层，传统吸震材料多为发泡材料，随着科技的发展，更多新型的重量更轻、吸震效果更好的材料被运用到滑雪头盔中，如采用对大脑具有保护作用的MIPS（多向冲击防护系统）以及模仿蜂窝减震的WaveCel材料（图2-1-21）。其外层为防撞击层，多为树脂或ABS工程塑料材质。滑雪头盔分为全盔和半盔，大部分单板滑雪者会选择佩戴重量更轻且活动范围更大的半盔。

图 2-1-21 头盔

（1）头盔安全认证。头盔安全认证是非常重要的安全保证，现在国际通用的权威认证为欧洲安全认证CE 1077和美洲安全认证ASTM 2040。如果头盔未同时标注这两个，或只标注其中一个安全认证，请谨慎选择。

（2）头盔尺寸选择。合适的头盔在提供安全保障的同时还应具有舒适性，所以选择尺寸合适的头盔是非常重要的。双手持软尺，将软尺紧贴后脑枕部，通过双耳上方在前额处合拢后的读数为正确的头围，然后根据头围数字选择相应尺寸的头盔。合适的头盔戴好后，四周应贴合，并且让人感觉舒适，如头的左右两侧可贴合，前额和后脑枕部均有较大空隙，或前额和后脑枕部均可贴合。如果左右两侧夹头或有不适感，则建议选择亚洲款头盔。

2. 其他护具

随着运动需求的不断变化和科技的发展，护具中填充的吸震材料也在不断变化，如发泡材料、氯丁橡胶、硅胶和各种遇撞击变化的高分子材料。因初学者摔倒较多，建议选择相对较厚、包裹性较好的护臀护膝。公园爱好者建议选择填充多层吸震材料的护具，如护臀、护膝、护甲，由此外层材料吸收大部分撞击力，内层材料降低外层材料对身体的冲击，增加舒适性。

另外，手套也有一些其他针对单板滑雪的设计，比如手掌手指处为了抓板动作的需要而进行的防滑设计，一些单板手套还具有护腕功能（图2-1-22）。在教学过程中，初学者休息时一般是跪着或者坐在雪地上，并经常手撑地辅助站起，所以合适的装备和保持舒适会对他们的学习有帮助。

图2-1-22 手套

（六）滑雪镜

眼睛的保护装备需要同时具备防风、防雪、过滤雪面折射光和防护紫外线的功能。眼睛如果长时间无防护暴露在紫外线环境中，有可能患上雪盲症。要确保滑雪镜或者太阳镜佩戴合适并且具有防紫外线的功能（图2-1-23）。出于安全考虑，需要佩戴眼镜的滑雪者滑雪时应尽量佩戴隐形眼镜，如在滑雪镜内佩戴框架眼镜，摔倒时框架眼镜移位会增加眼睛受伤的风险。

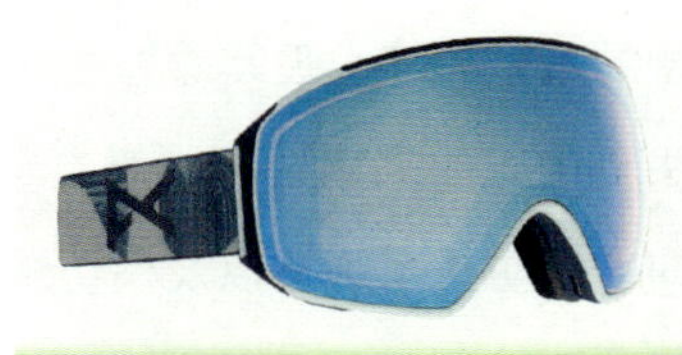

图2-1-23 滑雪镜

第二节 单板滑雪基础技术

单板滑雪以其飘逸的动作和潇洒的风范，给人以强烈的视觉冲击和审美享受。然而，这些令人惊叹的技术表现背后，都离不开扎实的单板滑雪技术作为支撑。为了达到这样的技术水平，我们必须从基础学起，逐步掌握平地转向、单脚带板、缓坡制动和雪道滑行技术。

一、平地技术

进入雪场首先要学会的就是如何携带滑雪板。无论用什么方法，最重要的就是——带板行走不能撞到周围的人或物体；另外，在雪道上行走还要避免滑雪板掉落，否则它会沿着坡面一直滑下去。

1. 携带滑雪板

携带滑雪板

携带滑雪板常用的方法有两种，一种把滑雪板背在身后腰间，并用双手把持固定。这种方法比较省力，但是因为滑雪板的长度宽于身体，携带者走路时需格外小心，以免撞到其他人，所以此方法只适合人员密度较小的开阔地带。

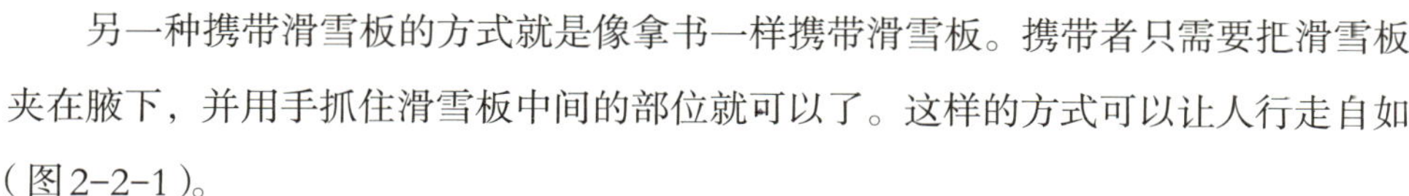

另一种携带滑雪板的方式就是像拿书一样携带滑雪板。携带者只需要把滑雪板夹在腋下，并用手抓住滑雪板中间的部位就可以了。这样的方式可以让人行走自如（图 2-2-1）。

图 2-2-1　携带滑雪板

2. 站姿穿板

站姿穿板

为防止滑雪板在雪坡上自然滑落，将滑雪板放下时，应先将两个固定器的靠背立起，使滑雪板垂直于滚落线方向。之后将固定器贴着雪坡下方倒扣放置，并用板刃刻住雪面，防止滑落。

在坡面上穿滑雪板尽量采用坐姿，站姿更适合平坦的雪面。站姿穿板的方式如下：一脚伸入固定器，先固定好脚踝处卡扣，再固定脚尖处卡扣，再按此方法穿好另一只脚（图 2-2-2）。

注意：穿滑雪板前，应清理固定器内残雪，避免固定器与滑雪鞋松动。此外，携带腕带的滑雪者，应先系紧腕带，避免滑雪板下滑。

图 2-2-2　站姿穿板

3. 基本站姿

单板滑行的基本站姿是轻松自如的。两脚在固定器上平稳站立，膝关节微屈，重心均匀落在两脚之间；双臂自然抬起，置于身体两侧以保持平衡；肩膀及上体保持放松状态，视线转向滑行方向（图 2-2-3）。

图 2-2-3　基本站姿

4. 重心的位置

站立姿势会随前进方向和地形变化而有所改变，包括高姿势、基本姿势、低姿势三种。需要注意的是，任何一种都要保持上体放松，腰部微屈，膝盖保持弹性。其中低站姿可应用在转弯及需要降低身体重心时。

保持基本站姿时应避免过度含胸或后仰，让重心自然置于身体中轴垂直线的投影点上（图 2-2-4）。在滑行过程中，应依据滑行中地形的起伏而改变姿态。在出现小幅度坡面或转弯弧顶时应加大屈膝程度，采用低姿态滑行，即单板站立姿势的高低并非一成不变，而应时刻保持膝关节的弹性，灵活配合地形与动作。

图 2-2-4　重心的位置

5. 身体运动方向

身体运动方向

单板滑雪运动中对技术动作的描述和表达通常可以概括为四种身体运动方向：垂直运动、横向运动、纵向运动和旋转运动。这种描述身体运动的方式可以更好地解释单板滑雪动作的表现，便于我们更进一步认识单板滑雪技术（图 2-2-5）。

图 2-2-5　身体运动方向

6. 安全摔倒

单板滑雪这项运动非常特殊：两只脚固定在一块滑雪板上，滑行不仅异于我们日常向前的行进方向，同时其下滑速度对滑行者也是一种挑战，滑行者在练习过程中难免因身体失去平衡而摔倒。因此，对于初学单板的滑雪者，安全摔倒和保护自己是首先要掌握的一项技术。

安全摔倒的第一个要点就是降低重心，在身体失控即将摔倒的时候，首先要降低重心，这是避免损伤的重要一步（图 2-2-6）。

图 2-2-6　降低重心

摔倒通常有两个方向，向前刃方向的摔倒和向后刃方向的摔倒。向前刃方向摔倒时，应迅速降低重心，顺势前扑，身体向前滑动，同时屈膝抬起滑雪板，避免板刃剐蹭雪面，注意不要双手直接触地以免造成关节损伤（图 2-2-7）；向后刃方向摔倒时，应迅速降低重心顺势向后滚动，收紧下颚，抬起头和双脚，身体稳定后双手支撑雪面，注意摔倒时尽量缓冲地面撞击的力量（图 2-2-8）。

图 2-2-7　向前刃方向摔倒

7. 单脚带板滑行

单板滑雪的练习应遵循量力而行、循序渐进的原则，在适应掌握基本器材与姿态后，应先在平缓的坡面练习，适应滑行的感觉。单板滑雪中，穿滑雪板的脚为固定脚或带板脚，另一支为自由脚，也是支撑脚。

选择一块平缓雪地，将前脚固定在滑雪板上，使后脚成为自由脚，也就是蹬动脚。之后用小步伐反复蹬地，使滑雪板板底贴着雪面直线滑行。滑行中可将手放在前腿的膝盖上，体会重心在前脚的滑行感受。

图 2-2-8　向后刃方向摔倒

当自由脚在滑雪板前刃侧蹬动滑行时，视线要转向滑行的方向，重心要放在前脚，膝关节弯曲，后脚在滑雪板前刃侧用力蹬动，身体随前脚使滑雪板滑动一定距离后，再次将蹬动脚前伸驱动滑行。自由脚在滑雪板后刃侧蹬动滑行时，眼睛要注视滑行的方向，重心要放在前脚，后脚脚掌在滑雪板后刃侧用力蹬动，身体跟随前脚使滑雪板滑动，再次将蹬动脚在体后驱动滑行（图 2-2-9）。

图 2-2-9　单脚带板滑行

在逐渐掌握了重心在前的动作后，练习者可增加蹬动力度，将蹬地后的后脚踩在滑雪板两固定器中间的防滑垫上，站立在滑雪板上惯性滑行。

8. 单脚带板转向

当自由脚在板后刃侧支撑时，前脚带板以后刃刻住雪面，在带板抬起后向一侧转动，同时身体跟随一起转动；雪板落地后自由脚跟随转动，通过两脚依次转动完成原地转向（图2-2-10）。当自由脚在板前刃侧支撑时，前脚带板以滑雪板后前刻住雪面，带板抬起后向一侧转动，同时身体跟随一起转动。

图2-2-10 单脚带板转向

二、缓坡技术

1. 滑行姿势

缓坡滑行时保持基本站姿即可，要充分利用自身骨骼的支撑，让肌肉合理放松，注重滑行姿势的实效性（图2-2-11）。

图2-2-11 滑行姿势

2. 前刃滑行和后刃滑行

在滑行技术中，经常用到的两个概念就是前刃滑行和后刃滑行。前刃滑行就是将重心移向脚尖一侧，滑雪板立刃滑行的动作；而后刃滑行就是重心移向脚跟一侧，滑雪板立刃滑行的动作（图2-2-12）。

图 2-2-12　前刃滑行和后刃滑行

3. 单脚带板登坡

当单脚带板登坡时，面朝山上自由脚在前，带板脚在身后以前刃刻住雪面，上体前倾，自由脚抬起向前迈出一步，带板脚向前跟进落地，自由脚继续向前迈出，动作反复连续，向上登坡（图2-2-13）。在登坡时应避免滑雪板前刃撞到自由脚的脚跟，落地时保持前刃垂直于滚落线刻雪；在连续登坡时，应合理控制好速度和步幅。

1

2

3

4

图 2-2-13　单脚带板登坡

4. 单脚缓坡直滑降

初学者可以在缓坡上从直滑降开始尝试向山下滑行。练习时前脚穿板，上体立直自然放松，重心放在前脚，后脚登动滑行后放在两个固定器中间，膝关节微屈，靠重力向山下直线滑降（图2-2-14）。

图 2-2-14　单脚缓坡直滑降

滑行时，双臂打开置于身体两侧，身体重心放在两脚之间，目视滑行方向；屈膝、屈髋，重心移向前脚，板底平板着雪；滑至平地，靠摩擦力自然停止。

熟练掌握单脚直滑降后，可以尝试利用板刃推雪逐步减速直至停止的技术。

5. 单脚滑行后刃停止

单脚滑行，双臂打开置于身体两侧，视线转向滑行方向，重心稍向前脚侧移动，后脚蹬动结束收回，站在滑雪板中间偏后的位置，控制滑雪板进行直滑降；降低重心向后倾倒，微提脚尖转体，后脚缓慢用力向前推雪；逐渐过渡到后刃推雪，加大后倾和立刃幅度，直至停止，双臂自然抬起保持平衡（图2-2-15）。

1

2

3

4

5

图2-2-15 单脚滑行后刃停止

滑行中始终保护滑行的平稳与连续性，到坡面底部自然停止，避免臀部后坐，腿部不要蹬直，微微立刃，用刃缓慢推雪直至停止，身体重心始终跟随滑雪板向前；停止滑行重心稳定后自然直立，可逐渐延长滑行距离。

6. 单脚滑行前刃停止

单脚滑行注视滑行方向，重心稍向前脚侧移动，后脚蹬动结束收回，站在滑雪板中间偏后的位置，控制平板着雪进行直滑降，自由向前滑行；屈膝并降低重心，转体向前稍微倾倒，脚尖下压，后脚用力以前刃推雪，使滑雪板减速直至停止，双手自然抬起保持平衡（图2-2-16）。

图2-2-16　单脚滑行前刃停止

三、雪道技术

通向雪道的常见运输工具有拖牵、魔毯、吊椅、吊箱等，滑雪者基本都能顺利通过这些工具到达雪道顶端。一般初级雪道用拖牵和魔毯，中高级道用吊椅和吊箱。

1. 拖牵

拖牵式索道为缆绳输送，一般用于初、中级雪道的输送，相比传动式索道，其输送路线要长一些。常见的有T形拖牵（图2-2-17），英文是“T-bar”。

图2-2-17　拖牵

2. 魔毯

魔毯运行原理类似于滚动电梯，一般用于坡度比较平缓的初级雪道。滑雪者站立，将两脚平行置于传动带上，靠传动带向上带动运行。传动式索道一般速度很慢，传送线路也比较短（图2-2-18）。

图2-2-18　魔毯

3. 吊椅式缆车

吊椅一般设有2-6人的座位，用于中、高级雪道的输送，其特点是输送速度快，输送路线较长（图2-2-19）。

图2-2-19　吊椅式缆车

4. 上缆车

乘坐吊椅时，单脚穿板，自由脚支撑在滑雪板后，侧身转头看向后方吊椅（图2-2-20），靠近吊椅后，侧身坐下；放下吊椅前的护栏将滑雪板搭在吊椅踏杆上面（图2-2-21）。

5. 下缆车

当接近下吊椅地点时，将滑雪板抬离踏板，打开防护栏，板头稍抬起；当到达下吊椅地点时，后脚踩在固定器中间的板面上，带板脚引领双脚着地，手扶座椅从吊椅上站起，借助吊椅前推的力量顺势向前滑行一段距离，然后迅速离开索道（图2-2-22）。

图 2-2-20　上缆车

图 2-2-21　乘坐吊椅

1

2

3

4

图 2-2-22　下缆车

6. 吊厢式索道

吊厢式索道为封闭的缆车输送，可容纳多人，一般设置在大型滑雪场的长线路雪道上（图2-2-23）。在乘坐吊厢时，要脱掉滑雪板，将板放到吊厢外的板槽内，下站后再将其取出。

图 2-2-23 吊厢式索道

坐姿穿板

7. 坐姿穿板

坐姿穿滑雪板时，首先选择坡度相对平缓的位置面朝山下而坐，前后脚依次伸入固定器内，先扣紧前脚脚踝处绑带，再扣紧脚尖处绑带，最后按此方法扣紧后脚绑带（图 2-2-24）。

图 2-2-24 坐姿穿板

背坡站起

8. 背坡站起

站起时，背朝坡上，将滑雪板在坡下并与滚落线方向垂直，后刃切入坡面下方雪面，以臀部为支点，一手抓板的前刃，一手在身后撑地慢慢站起，也可以双手支撑挺身向前站立（图 2-2-25）。

图 2-2-25 背坡站起

坡面翻转

9. 坡面翻转

当面向山下摔倒后，想转为面朝山上时，先将滑雪板置于坡面下方，以板尾为支点支撑雪面，上体后仰，用力抬起前脚向另一侧翻转，上体跟随转动 180° 呈俯卧姿态，屈膝收紧踝关节，以前刃切入雪面，双手支撑（图 2-2-26）。

图 2-2-26　坡面翻转

10. 面坡站起

面坡站起

站起时将滑雪板调整到身体的坡面下方并垂直于滚落线，前刃切入雪面，双手撑地跪姿屈膝，后移重心，逐渐将滑雪板放平后站起。注意控制前刃切入雪面的角度逐渐减小，保持身体平衡（图2-2-27）。

图 2-2-27　面坡站起

11. 后刃推坡

后刃推坡

在较平坦的坡面出发，身体面朝山下，双臂自然抬起置于身体两侧，保持平衡，滑雪板垂直于滚落线，用后刃刻住雪面；保持屈膝，以脚跟为发力点，横板向下滑行，调整立刃幅度，控制速度；停止时，降低重心，脚尖上提，加大立刃幅度，在滑雪板脚跟侧逐渐加压，直至停止（图2-2-28）。

图 2-2-28　后刃推坡

身体重心不可倾向板头或者板尾，稍微抬起前刃开始向下滑动；通过改变脚尖的上提或下压幅度，控制滑雪板下滑速度，做到滑行流畅平稳。

前刃推坡

12. 前刃推坡

身体朝向山上，保持屈膝前倾的基本姿势，上体微转，注意观察滑行方向；双臂打开置于体侧，保持平衡，脚跟提起，前刃刻雪；微微提踵，脚尖处向下滑行并保持角度一致，通过立刃的幅度来控制速度；停止时降低重心，膝盖前顶，脚掌前端逐渐加压用力，使速度减慢，直至滑行停止（图2-2-29）。

图2-2-29　前刃推坡

如果重心位置偏向一侧，或立刃时两脚的力量不均，或出现转体姿势，就将造成滑雪板不能沿着滚落线直线滑降的问题。可通过练习逐渐体会脚掌部的用刃感觉，逐渐控制好滑行。

后刃斜滑降停止

13. 后刃斜滑降停止

身体朝向山下，板头指向滑行方向，以后刃刻住雪面；重心移向前脚，并保持在滑行过程中以后刃着雪；重心提起，抬前臂引导转体，后脚逐渐用力向前推雪，并逐渐增加立刃幅度与压力，直至停止（图2-2-30）。

斜滑降滑行的距离要依据坡度的大小来决定，坡度大，距离要短一些；斜滑降应该注意保持视线、前臂、肩部和板头朝向同一方向；停止时手臂引导转体，后脚推出滑雪板，重心下压，立刃。

前刃斜滑降停止

14. 前刃斜滑降停止

用前刃刻住雪面，基本姿势为站立，上体转向滑行方向，抬起前臂引导滑行；屈膝提踵，后脚减小用刃压力，重心跟随，压向前脚，向该侧斜滑降；后脚用力蹬雪，增加脚尖侧压力，匀速滑降，直至停止（图2-2-31）。

控制好膝髋关节角度，转体时避免上体外倾过大，重心不稳；前刃斜滑降始终保持屈膝屈踝，避免后刃落地呛雪。

图 2-2-30 后刃斜滑降停止

图 2-2-31 前刃斜滑降停止

15. 后刃落叶飘

后刃落叶飘

板头对准滑行方向，以后刃着雪，看向侧前方滑行方向；顶前脚侧膝盖，重心移向前脚，向一侧斜滑降；提升重心，打开双臂保持平衡准备转体；转体、立后刃，后脚向山下逐渐发力，推雪减速；逐渐加大立刃直至停止，停止后向反方向转体；再次以后刃进行斜滑降，稳定自然地控制滑行方向；斜滑降—停止—斜滑降—停止—斜滑降，反复动作做Z字滑行（图2-2-32）。

图 2-2-32　后刃落叶飘

从斜滑降到停止，纵向提升身体重心的动作应该自然协调；重心和上体方向合理配合，前侧肩向滑降方向引领稳定流畅的滑行。

16. 前刃落叶飘

前刃落叶飘

板头对准滑行方向，以前刃着雪，眼睛看向滑行方向；两腿微屈，重心移向前脚，进行一侧的斜滑降；提升重心，立前刃，再次以前刃进行斜滑降，稳定自然地控制滑行方向；斜滑降—停止—斜滑降—停止—斜滑降，反复动作做Z字滑行（图2-2-33）。

图 2-2-33　前刃落叶飘

练习时应有意识地改变滑下的角度、滑行的距离、停止的位置，来提高自己的滑行能力，其中动作的自然、衔接的流畅是关键，可在这些方面增加练习，逐渐提高变向滑行能力。

掌握落叶飘滑行技术后，可以尝试呈阶梯式的斜滑降。板头朝向山下滑行，当速度明显加快时，再转为斜滑降，控制速度后再朝向山下滑行，呈阶梯式的斜滑降，也叫“花环飘”技术。

17. 后刃阶梯式斜滑降（浅弧）

后刃阶梯式斜滑降

身体转向山下，重心放在脚跟一侧，后刃切入雪面，重心移动到前脚，后脚放松，脚尖下压，使滑雪板向山下滑行一段后，降低重心，双脚微提，脚尖转体，用后刃横向滑行一段，提升重心，再次直线向下形成折线向下滑行的轨迹。练习初期，向下滑降的时候可使滑雪板与滚落线呈一定夹角，使滑行的阶梯轨迹更趋于直线，以便控制滑行速度（图2-2-34）。

图2-2-34　后刃阶梯式斜滑降（浅弧）

18. 后刃阶梯式斜滑降（深弧）

掌握浅弧滑行后，逐渐增大向下滑降的幅度，可使滑雪板板头沿着滚落线方向下滑。当速度较大时，滑雪板方向转为斜滑降，使滑行的阶梯轨迹明显呈现，控制滑行速度（图2-2-35）。

图2-2-35　后刃阶梯式斜滑降（深弧）

前刃阶梯式斜滑降

19. 前刃阶梯式斜滑降（浅弧）

身体面朝坡上，双膝微曲，前刃切入雪面，视线穿过前肩看向山下滑行方向，重心移向前脚并外转，后脚放松，用刃使得滑雪板直线向下滑行一段，然后降低重心屈膝，向内转体，后脚施压，用前刃横向滑行一段，提升重心，再次直线向下形成折线向下滑行的轨迹（图2-2-36）。

图2-2-36　前刃阶梯式斜滑降（浅弧）

20. 前刃阶梯式斜滑降（深弧）

掌握浅弧滑行后，逐渐增大向下滑降的幅度，可使滑雪板与滚落线平行下滑。当速度较大时，滑雪板方向转为斜滑降，使滑行明显呈现阶梯轨迹，控制滑行速度（图2-2-37）。

图2-2-37　前刃阶梯式斜滑降（深弧）

C形转弯（前刃转后刃）

21. C形转弯（前刃转后刃）

前刃变换后刃C弯技术，也可理解为用前刃引导滑行换刃。身体背朝山下，视线穿过前肩注视滑行方向，降低重心，用前刃着雪出发；提升重心压向前脚，视线随上体外转，板头向下沿滚落线下滑一段；然后双臂打开，重心降低，向脚跟侧施压，变换为后刃滑行，微提脚尖，放松后脚，上体外转，用后刃向山下蹬动，逐渐降低重心，直至停止（图2-2-38）。

图 2-2-38　C 形转弯（前刃转后刃）

避免上体前倾过大、含胸、后坐等不正确的身体姿势；变刃动作过急或没有过渡平板的滑降环节都容易造成呛刃失控；惧怕速度会造成重心落后，这样的情况都要注意。

22. C形转弯（后刃转前刃）

C 形转弯（后刃转前刃）

后刃变换前刃C弯技术，也可理解为用后刃引导滑行换刃。面朝山下，重心放在脚跟一侧，以后刃着雪出发，重心移动到前脚，后脚放松，视线随上体内转，提升身体重心，直线下滑一段后，前肩引导内转，后脚施压，用前刃横向滑行. 逐渐下压后脚板头，横向移动，降低身体重心，直至停止（图2-2-39）。

手臂指向滑行方向，双手自然侧平举辅助平衡；身体、膝盖保持最大灵活度，从而适应凹凸不平的雪面；为流畅转换为前刃滑行，应通过逐渐降低重心下压来完成，实现横板后再次提升重心，保持重心跟上板头。

23. 连续转弯

连续转弯

在练习C形转弯，学会换刃技术后，可以在初级道上练习后刃换前刃、前刃换后刃，然后把正反两个C形转弯联合在一起，形成一个S形的滑行轨迹，做出连续转弯（图2-2-40）。

图 2-2-39　C 形转弯（后刃转前刃）

图 2-2-40　连续转弯

第三节　单板滑雪滑行技术

1. 基础S弯

在连续转弯的基础上，规范滑行的姿态，控制滑行速度和节奏，就可以做出基础S弯滑行。

转弯开始阶段，保持滑行的基本姿势，提高重心，以后刃着雪斜滑降出发；眼睛看向滑行方向，双手自然抬起置于身体两侧，身体微向前倾调整为平板滑行；重心继续前移，转为前刃着雪滑行，进入转弯的控制阶段；屈膝下压，后脚脚尖顺势推雪，完成前刃转弯；进入结束阶段，提高重心，保持前刃斜滑降进入下一个转弯的开始阶段；眼睛看向滑行方向，身体微向后倾，调整为平板滑行；重心继续后移，转为后刃着雪滑行，再次进入转弯的控制阶段；屈膝下压，后脚脚跟顺势推雪完成后刃转弯；连续进行多个S弯换刃滑行（图2-3-1）。

图2-3-1　基础S弯

滑行中，髋、膝、踝关节应保持动态平衡，重心控制在两脚中间；每次转弯都有一个换刃的过渡阶段，滑行中应逐步加快节奏，提高换刃的稳定性和流畅性。

2. 搓雪和走刃

转弯时滑雪板可以采取搓雪和走刃两种方式。搓雪转弯时滑雪板有明显的旋转，而走刃转弯时滑雪板几乎没有旋转且立刃角度大。从滑行轨迹来看，搓雪弯的轨迹比较宽，而走刃弯的轨迹比较纤细（图2-3-2）。在转弯时，我们可以利用搓雪滑行达到控速的目的，也可以通过走刃滑行追求更高的速度。

图2-3-2 搓雪和走刃

注意：在搓雪转弯换刃的时候，要控制好身体重心的位置，并延长平板滑行的时间，做好充分的换刃准备。在整个转弯过程中，上体的旋转要领先于滑雪板的转动。而走刃转弯换刃时，整个转换过程是非常迅速的（图2-3-3）。

图2-3-3 转弯注意事项

3. 大弯滑行

在掌握转弯技术后，可尝试尽量用刃进行长距离的大弯滑行。在滑行中应尽量控制上体的稳定。在多次回转后，如果速度过快，可增大转弯的弧度以获得时间，使对滑雪板的操控更加从容，继续做出对称饱满的弯形，保持流畅稳定的滑行。

大弯滑行时，首先身体重心应落在前腿上，完成前刃斜滑降。当滑到雪坡的一侧时，重心回正，逐渐转为平板滑行；然后调整方向使滑雪板沿滚落线做直滑降，同时身体逐渐后倾，做后刃转弯；当转弯到合适的方向时，做后刃斜滑降至雪坡的另一端；再以同样的方式调整滑雪板转为直滑降接前刃斜滑降；逐渐加快动作节奏，进而可以做连续的大弯滑行（图2-3-4）。

图2-3-4 大弯滑行

4. 不同弯形

滑行轨迹通常分为大弯、中弯和小弯（图2-3-5）。大弯滑行的宽度超过1/2雪道；在此基础上逐渐缩短斜滑降的距离，提高换刃的频率，减小转弯的半径，过渡到中弯滑行；如果继续提高换刃频率，使滑行轨迹小于1/3雪道的宽度，做快速连续的转弯，就形成了小弯滑行（图2-3-6）。

图 2-3-5　大弯、中弯、小弯

图 2-3-6　小弯滑行

转弯时，通过身体重心的提升与下压来改变对滑雪板的压力；当滑行速度较快，立刃角度较大时，身体倾倒幅度较大，身体重心也较低；当滑行速度较慢，立刃角度较小时，身体倾倒幅度较小，身体重心也较高。

5. 闭合弯与开放弯

根据滑行轨迹不同，转弯还分为闭合弯和开放弯（图2-3-7）。闭合弯在换刃过程中，有一段时间里滑雪板是与滚落线垂直的，因此，闭合弯有控速的效果；而开放弯在换刃过程中，滑雪板始终与滚落线保持一定夹角，呈斜滑降状

图 2-3-7　闭合弯与开放弯

态，所以开放弯的速度相对较快。

跳转换刃

6. 跳转换刃（豚跳）

在滑行练习中，跳转换刃（豚跳）练习可以提高滑行能力；保持用一侧刃稳定滑行，降低重心，先拉前腿，腾空后收后腿，拉平滑雪板后用另一侧刃落地滑行；注意落地时前脚先着地，而不是双脚，动作过程中前肩指向滑行方向（图2–3–8）。

图2–3–8　跳转换刃（豚跳）

7. 正反脚切换S弯

在正脚滑行能力提高后，可以尝试反脚在前的滑行，并学习正反脚切换滑行。以右脚前是正脚为例，先在缓坡进行正脚滑行，前肩带动上体外转，使上体面朝山下，下身保持滑行状态，调整滑雪板为正脚平板滑行；这个时候，上下体分离呈反拧状态；前脚向后发力，后脚向前发力，使滑雪板旋转与滚落线垂直，并用后刃推雪滑行（这个状态只是一瞬间）；继续让滑雪板旋转，调整为反脚平板滑行；上体跟随转动，后肩转为前肩，完成正反脚切换滑行。

通过练习，在基础S弯滑行过程中，做出正反脚切换，即为正反脚切换S弯滑行。

基础刻滑

8. 基础刻滑

相比搓雪滑行，走刃滑行时立刃角度更大，所以其留在雪上的滑行轨迹会比较细。在走刃滑行中，还有一种比较特别的滑行方式——刻滑。刻滑时滑雪板立刃更高，身体倾斜幅度更大，过弯的速度更快；由于刻滑完全使用板刃，所以滑行的轨迹十分纤细，呈清晰的S形线路，这种滑行方式叫“基础刻滑”。（二维码视频）

做基础刻滑时，滑雪者用滑雪板的一侧板刃支撑滑行，而另一侧板刃立起，通过控制滑雪板立刃角度的大小，来调整转弯弧度的大小。

后刃滑行出发时，先用后刃刻入雪面滑行出发；前臂微向前伸引导滑行，滑雪板放平，降低重心准备入弯；屈膝前压滑雪板切入雪面，换前刃回转滑行，双脚用力划出平滑的弧线；视线引领滑行方向，提升重心并前移；出弯后迅速降低重心，并将重心移向后刃，双脚用力蹬踏滑雪板，用后刃回转滑行，双脚用力划出平滑的弧线；继续提升重心出弯，做连续的刻滑转弯。

练习刻滑技术时，可从立刃横向切雪滑行开始，逐渐减少推雪，直到滑行轨迹呈一条清晰细致的弧线，分别体验后刃通过屈曲髋、膝关节增加立刃幅度，前刃通过屈曲踝、膝关节增大立刃角度，乃至大斜线立刃回山制动，逐步实现完全用刃横切雪道。然后进一步练习回转，滑行轨迹由浅弧到深弧，逐步提高速度，做出大弯刻滑（图2-3-9）。

图2-3-9　大弯刻滑

刻滑技术要求滑雪者保持膝盖的弹性，通过身体重心的提升与下压提高换刃技术的流畅性；滑行过程中在每次转弯的弧顶时是身体重心的最低点，同时倾倒幅度也最大。由前脚侧手臂和肩部引导的旋转动作，是完成每次转弯的关键；扭转指的是滑行中滑雪板板刃的旋转，以及上体和下体的扭转反弓形姿态。在单板滑行时，眼睛和前手的方向就是滑行方向，因此，肩膀要带动手臂主动扭转，引导转弯。在滑行中恰当地运用扭转技术有助于完成流畅的连续转弯。

进阶刻滑

9. 进阶刻滑

通过上一个阶段的学习，滑雪者已经具有良好的速度感和滑行能力。在进阶刻滑阶段，滑雪者需要学习通过滑雪板立刃，施压让滑雪板变形，完全用刃进行滑行的转弯技术，刻滑是单板技术进阶的重要技术部分。

先通过斜滑降体会用刃滑行的感觉，然后通过J形转弯和C形转弯等练习，进一步提高用刃滑行的能力。一个S弯刻滑分为开始阶段、控制阶段、结束阶段、转换阶段。在开始阶段，保持低于基本站姿的姿态滑行，重心位于两腿之间，直板出发，膝盖向前发力引导身体整体往前倾斜，或者重心下压引导身体整体向后倾倒，产生立刃角度。控制阶段，通过更大的向弯内倾斜对抗离心力和加大立刃角度，给滑雪板施加压力。结束阶段，逐渐释放压力。转换阶段，身体随着离心力回正，滑雪板立刃角度逐渐变小，通过“引身”释放板的压力，然后平板滑行，视线引导板头对向山下，再进行下一个弯的开始阶段。

滑雪板转弯的原理是应用滑雪板拧转变形来进行转弯，因此滑雪者需要更好地运用滑雪板的设计进行滑行。刻滑是运用板刃进行滑行，与雪面的摩擦力更小，所以滑行更加流畅快速。立刃幅度提高，整体姿态降低，每一个刃都刻进雪面滑行，同时换刃之间还有板底滑行的平板时间，之后会在雪道上留下清晰可见的S弯形状。立刃角度是由速度、坡度和动作幅度决定的，缓坡速度慢时动作幅度小，所以立刃角度也小，滑雪板不易变形，转出的弯形弧线较大。坡度越陡峭，动作幅度越大，立刃角度越大，滑雪板越容易变形，对滑雪者控制力的要求越高。

10. 高级刻滑

高级刻滑在陡坡上需要我们滑更小半径的弯进行控速，所以在转弯开始阶段需要更早地立刃，让板刃深深刻在雪面里。因为陡坡滑小弯需要更大的动作幅度，所以滑雪者必须早立刃早入弯。更早的入弯，给滑雪板的压力会更大；滑雪板变形更大，才能在陡坡上滑出更圆的弯形，进行更好的控速。

高级刻滑一般是指滑雪者在任意机压雪道通过身体幅度、立刃角度及雪道上入弯的时机控制各种滑行的刻滑。它不单单是陡坡刻滑，而是需要滑雪者根据不同的地形合理地运用刻滑技术。陡坡刻滑技术是高级刻滑的基础。滑雪者首先要熟练掌握陡坡刻滑，灵活运用刻滑技术。高级刻滑关键在于灵敏的应变，一般都采用基本站姿滑行，并且在原有的基础上低姿态滑行。流畅的高级刻滑重心一般位于中后部。想要更加流畅地滑行需要视线去引导，一般是在一个弯即将结束阶段视线看向即将要转的弯的一侧。

11. 小弯刻滑

小弯大弯综合刻滑

小弯刻滑时，要压缩身体外侧联动部分。扩大身体内侧联动部分。为达到平衡，身体重量应该都聚集在刻滑边刃上，目的是在刻滑时保持身体重心在边刃上，同时把板刃立高。注意滑行中保持良好的站姿与角度，控制好弯形与节奏。

在练习小弯刻滑技术时，转弯过程中倾倒、立刃、加压、扭转几个动作的幅度逐渐加大，在弧顶时动作幅度最大，之后再逐渐减小，在雪面形成的滑行轨迹呈细而深的S形小弯（图2-3-10）。

图2-3-10 小弯刻滑

第四节　单板滑雪进阶技术

双脚直跳

1. 双脚直跳

目视滑行方向，保持基本姿势，平板滑行。重心下降，然后双脚同时起跳，空中快速屈膝收腿，向上提拉滑雪板，空中保持平衡稳定，伸展身体双脚同时着地，落地迅速屈膝缓冲，保持平板滑行基本姿势（图2-4-1）。

图2-4-1　双脚直跳

板尾平衡

2. 板尾平衡

板底放平直线下滑，后腿屈膝重心移向后脚，保持身体稳定后逐渐抬起前脚，张开双手保持身体平衡，重心始终靠后，直线滑行，视线保持注视滑行方向。重心调整回滑雪板中央，恢复基本滑行姿态（图2-4-2）。

图2-4-2　板尾平衡

注意重心移动至板尾时，头的投影落在后脚上，保持垂直线轴心不变，从而使滑雪板保持稳定向前。

3. 板头平衡

板底放平直线下滑，前腿屈膝将重心放在前脚，抬起后脚，进一步提升后腿，张开双手保持身体平衡，重心始终向前直线滑行，视线保持注视滑行方向。重心调整回滑雪板中央，恢复到基本滑行姿态（图2-4-3）。

图2-4-3　板头平衡

注意控制身体轴心，后脚提起滑雪板动作不宜过大，以免破坏身体平衡，应在保持上体稳定的前提下逐渐提升板尾。

4. 板尾起跳（Ollie）

板尾起跳（Ollie）又称为欧力技术，是由滑板衍生而来的。在直滑降的基础上，重心向后移动准备做Ollie跳；重心放在后脚，板尾用力压雪，板头压力上提，增大对板尾的压力；借助滑雪板板尾被压弯后恢复弹性时的力量，迅速起跳并上提板尾；在腾空期间保持平衡，控制好板头的方向；着陆时双脚同时落地，平板着雪，着陆后继续保持平板滑行（图2-4-4）。

图2-4-4　板尾起跳（Ollie）

板头起跳

5. 板头起跳（Nollie）

板头起跳（Nollie）又称为诺利技术，在直滑降的基础上，稍稍降低重心；重心向前移动，板头下压，板尾上提，增大对板头的压力；借助单板板头被压弯后恢复弹性时的力量迅速起跳，并上提板尾；在空中保持平衡，重心放在滑雪板中间；着陆时板底直接着雪，双脚同时落地，直线下滑。注意体会滑雪板的弹性，逐渐提高起跳幅度（图2-4-5）。

图 2-4-5　板头起跳（Nollie）

向外跳转 180°

向外跳转 360°

6. 向外跳转180°/360°

基本姿势滑行时降低重心，屈曲髋、膝、踝关节，蓄力准备起跳；重心移向滑雪板脚跟一侧，双腿蹬地跳起；腾空时收膝团身，肩关节向外旋转带动身体在空中完成180°转体（图2-4-6）或360°转体；落地时重心微压向脚尖一侧，保持身体稳定，回到基本姿势滑行。若落地时没有旋转充分，可微向脚尖一侧施压，调整板头指向滑行方向。注意掌握好蹬踏起跳的时机，最大限度发挥蓄力作用，提高起跳高度，完成转体。

图 2-4-6　向外跳转 180°

7. 向内跳转 180°／360°

基本姿势滑行降低重心，屈曲髋、膝、踝关节，蓄力准备起跳；重心移向滑雪板脚尖一侧，双腿蹬地跳起；腾空时收膝团身，肩关节向内旋转带动身体在空中完成180°转体（图2-4-7）或360°转体；落地时重心微压向脚尖一侧，保持身体稳定，回到基本姿势滑行。若落地时没有旋转充分，可微向脚尖一侧施压，调整板头指向滑行方向。注意掌握好蹬踏起跳的时机，最大限度发挥蓄力作用，提高起跳高度，完成转体。

图 2-4-7　向内跳转 180°

注意内转时，前半周无法看到落地区域，因此起跳与腾空过程中应保持稳定协调，转过半周时即将视线注视落地方向，控制好落地后的滑行。

8. 向外粘转 180°

正脚滑行，身体重心逐渐移向后刃，双臂打开，以前肩带动身体外旋180°后，重心回到滑雪板中间，用板底平面着雪，利用滑雪板与雪面的摩擦完成旋转，转为反脚滑行。注意旋转时滑雪板不离开雪面，体会身体重心移动的微妙变化，上体平衡与滑雪板旋转的动作协调，保持滑行流畅而稳定（图2-4-8）。

图 2-4-8　向外粘转 180°

向内粘转 180°

9. 向内粘转 180°

正脚滑行，身体重心逐渐移向后刃，双臂打开，以前肩带动身体内旋 180° 后，重心回到滑雪板中间，用板底平面着雪，利用滑雪板与雪面的摩擦完成旋转，转为反脚滑行（图 2-4-9）。

图 2-4-9 向内粘转 180°

跳台直飞

10. 跳台直飞

基本姿势滑行，注视滑行方向进入起跳区域；滑雪板随跳台前沿形状起跳，空中保持姿态不变；腾跃至空中时，双肩水平线平行于地面，并迅速找到落地区域；落地时沿着陆区坡度，屈曲髋、膝关节，准备下落；落地时，弯曲踝、膝关节，缓冲落地冲击（图 2-4-10）。

图 2-4-10 跳台直飞

注意：进入起跳区域时应使板底紧贴雪面，调整好速度与滑行方向。初学者经过跳台前沿时，双腿不宜用力蹬伸，板底贴跳台前沿滑出即可，有利于掌握腾空与落地的技巧。

11. 空中抓板

当滑雪者掌握一定的跳跃技能，可以通过飞雪包跳起，甚至采用空中抓板来加入个人的滑行风格（图2-4-11）。

图2-4-11 空中抓板

12. 抓板形式

抓板是单板滑雪极具特色的空中技术，但对初学者来说，难度较大。抓板动作过程主要包含屈膝蓄能、蹬地起跳、空中抓板、落地滑行四个阶段。抓板位置和抓板方式有很多种，常见有后手抓板、后手穿过两腿抓板、前手抓板、前手穿过两腿抓板和双手同时抓板，不同的抓板形式都有各自的动作名称（图2-4-12）。

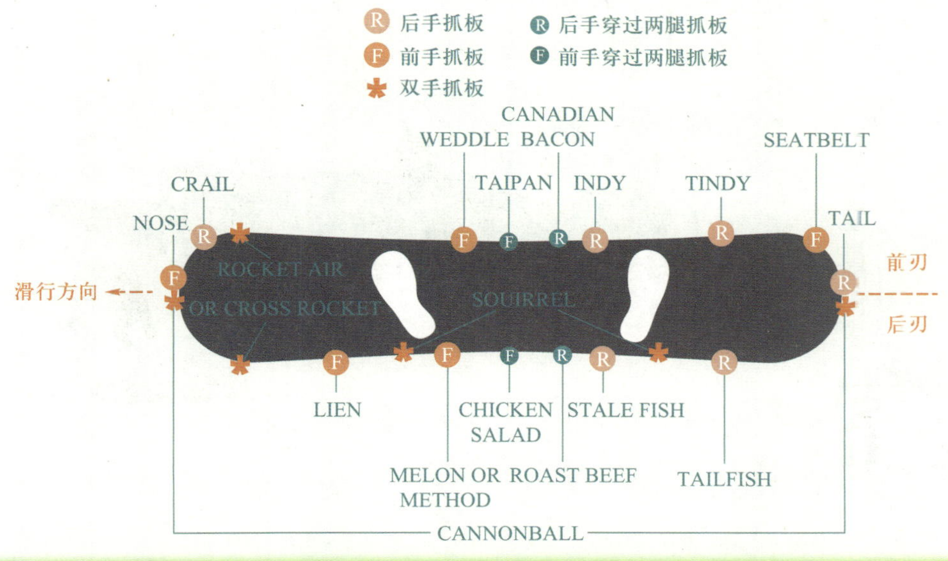

图2-4-12 抓板形式

13. 前手抓板

前手抓板基础动作有3种，为Nose抓板（前手抓板头）、Weddle抓板（前手抓固定器之间前刃）和Melon抓板（前手抓固定器之间后刃）。还有一些难度更高的变形动作，如最经典的Method抓板，就是在Melon抓板基础上增加下身反向旋转展现出来的。

14. 后手抓板

后手基础抓板动作有3种，即Tail抓板（后手抓板尾）、Indy抓板（后手抓固定器之间前刃）和Stale Fish抓板（后手抓固定器之间后刃）。还有一些难度更高的变形动作，如Roast Beef抓板，是后手穿过双腿之间抓固定器之间的后刃。

15. 双手抓板

双手抓板是基础抓板动作的进阶，对核心力量、身体柔韧性和跳台的尺寸都有要求。比较常见的动作为双手抓板头的Rocket Air抓板，以及前手抓板头后手抓板尾的Cannonball抓板。还有一些难度更高的变形动作，如双手从背后抓板尾的Dracula抓板等。

跳台外转 180°

16. 跳台外转180°

跳台外转180°是跳台转体动作中相对简单的一个，但是它要求首先掌握娴熟的反脚滑行技术，因为当滑者完成转体落地后，就变成了反脚滑行。

首先滑行接近跳台的起跳区，此时利用后刃滑行，准备起跳。到达台端时，双脚蹬地，离开台子向上起跳，腾空后迅速团身，在空中向外旋转180°，落地前伸展双腿，落地时迅速屈膝缓冲，转为反脚滑行（图2-4-13）。

图2-4-13 跳台外转180°

17. 跳台内转180°

跳台内转 180°

滑行接近跳台的起跳区时利用前刃滑行，准备起跳。到达台端时，双脚蹬地离开台子向上起跳，腾空后迅速团身，在空中向内旋转180°，落地前伸展双腿，落地时迅速屈膝缓冲，转为反脚滑行（图2-4-14）。

图2-4-14 跳台内转 180°

18. 跳台外转360°

跳台外转 360°

在外转180°的动作基础上，腾空后迅速团身，在空中向外旋转360°，落地前伸展双腿，落地时迅速屈膝缓冲，转为反脚滑行（图2-4-15）。

图2-4-15 跳台外转 360°

19. 跳台内转360°

跳台内转 360°

在内转180°的动作基础上，腾空后迅速团身，在空中向内旋转360°，落地前伸展双腿，落地时迅速屈膝缓冲，继续滑行（图2-4-16）。

图 2-4-16　跳台内转 360°

20. 道具技术

道具障碍物包含铁杆、箱子、圆筒、锥体和雪墙等多种形式，练习时应先观察好道具与落地区的安全状况，控制好起跳的滑行速度。

杆式道具直板滑行

（1）杆式道具直板滑行。直滑指滑雪板沿障碍物方向直板滑行的技术，这是道具练习的基础。基本滑行姿态靠近铁杆，降低重心蓄力腾跃到杆上，屈膝使板底紧贴铁杆表面直线滑行，视线看向出口位置；滑行至杆头跃下，双脚同时落地，保持稳定姿态继续滑行（图 2-4-17）。

图 2-4-17　杆式道具直板滑行

箱式道具横板滑行

（2）箱式道具横板滑行。横板滑行指将滑雪板调转角度横向在道具上滑行的技术。滑行接近箱子时，迅速向上起跳，控制上体保持不动，下半身旋转 90°，横板落在箱子上，借助惯性向前滑行，注意在箱上滑行时不能用刃，双手在身体两侧保持平衡，到达出口位置顺势下落，并调整滑雪板与滑行方向一致，落地屈膝缓冲，继续滑行（图2-4-18）。

图2-4-18　箱式道具横板滑行

第五节　单板滑雪旱雪技术

单板滑雪旱雪技术和真雪技术十分相似，但旱雪技术的容错率较低，而且旱雪技术在控制滑行的力度方面要更加精准，因为其一旦出现失误很难调整，所以练习旱雪技术的走刃和换刃比真雪难一些。不过在旱雪场上熟练掌握的技术，到真雪上很快就可以自如运用了。旱雪最大的优势在于不受季节影响，可以四季使用，旱雪场作为非雪季的训练场地补充了雪季短的不足。

1. 旱雪滑行基本姿势

旱雪滑行时保持基本站姿即可，绑好固定器，两脚在滑雪板上平稳站立，膝关节微屈，重心投影落在两脚之间；双臂自然抬起，置于身体两侧保持平衡；肩膀及上体保持放松，视线转向滑行方向（图2-5-1）。

图2-5-1　旱雪滑行基本姿势

2. 旱雪安全摔倒

安全摔倒的第一个要点就是降低重心。在身体失控即将摔倒的时候，首先要降低重心，这是避免损伤的重要一步。向前刃方向摔倒时，应迅速降低重心，顺势前扑，身体向前滑动，同时屈膝抬起滑雪板，避免板刃剐蹭雪面，注意不要双手直接触地，以免造成关节损伤（图2-5-2）；向后刃方向摔倒时，迅速降低重心，顺势向后滚动，收紧下颚，抬起头和双脚，注意摔倒时尽量缓冲地面撞击的力量（图2-5-3）。

图2-5-2 旱雪前刃方向摔倒

3. 旱雪后刃站起

站起时，后刃切入坡面下方旱雪面，以臀部为支点，一手抓板的前刃，一手在身后撑地慢慢站起，也可以双手支撑挺身向前站立（图2-5-4）。

4. 旱雪单脚带板滑行

将前脚固定在滑雪板上，后脚成为自由脚，也就是蹬动脚。用小步伐反复蹬地，使滑雪板板底贴着旱雪面直线滑行。当自由脚在滑雪板前侧蹬动滑行时，视线转向滑行的方向，重心放在前脚，膝关节弯曲，后脚在滑雪板前侧用力蹬动，在身体随前脚使滑雪板滑动一定距离后，再次将蹬动脚前伸驱动滑行。自由脚在滑雪板

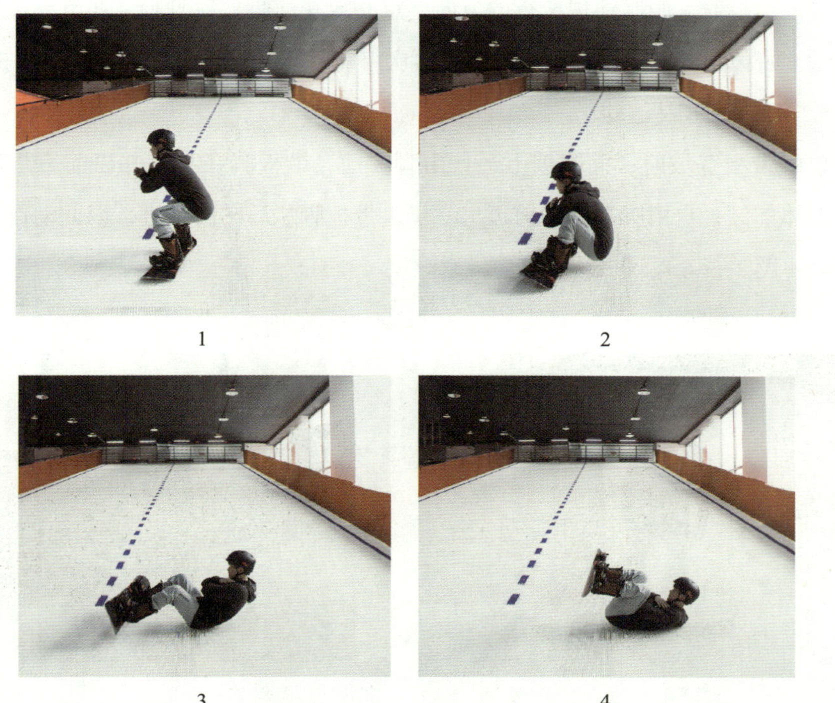

1 2

3 4

图 2-5-3　旱雪后刃方向摔倒

1 2

3 4

图 2-5-4　旱雪后刃站起

后侧蹬动滑行时，眼睛注视滑行的方向，重心放在前脚，后脚脚掌在滑雪板后侧用力蹬动，身体跟随前脚使滑雪板滑动，再次将蹬动脚在体后驱动滑行（图2-5-5）。

5. 旱雪单脚带板登坡

单脚带板登坡时，面朝坡上，自由脚在前，带板脚在身后并以前刃刻住旱雪面，上体前倾，自由脚抬起向前迈出一步，带板脚从后向前跟进，以此动作反复向上蹬动（图2-5-6）。

图2-5-5　旱雪单脚带板滑行

图2-5-6　旱雪单脚带板登坡

6. 旱雪直滑降前刃制动

双臂自然抬起并保持平衡，注视滑行方向，控制平板着地，直滑降自由向前滑行；屈膝并降低重心，转体向前稍微倾倒，脚尖下压，后脚用力以前刃推板，使滑雪板减速直至停止（图2-5-7）。

7. 旱雪直滑降后刃制动

双臂自然抬起保持平衡，视线转向滑行方向，控制平板着地进行直滑降，自由向前滑行；降低重心向后倾倒，微提脚尖转体，后脚缓慢用力向前推板；逐渐加大后倾和立刃幅度，直至停止（图2-5-8）。

图2-5-7　旱雪直滑降前刃制动

图2-5-8　旱雪直滑降后刃制动

8. 旱雪后刃推坡

从较平坦的坡面出发，身体面朝坡下，双臂自然抬起置于身体两侧，保持平衡，滑雪板垂直于滚落线，用后刃刻住旱雪面；屈膝，以脚跟为发力点向下滑行并保持角度一致，用立刃的强弱控制速度；停止时，降低重心，脚尖上提，加大立刃幅度，并在滑雪板脚跟侧逐渐加压，直至停止（图2-5-9）。

9. 旱雪前刃推坡

身体面朝坡上，保持屈膝前倾的基本姿势；双臂打开置于体侧，保持平衡，髋关节置于前刃上方，前刃刻雪；脚尖处向下滑行并保持角度一致，通过立刃的幅度来控制速度；停止时降低重心，膝盖下压，脚掌前端逐渐加压用力，使速度减慢，直至滑行停止（图2-5-10）。

图2-5-9　旱雪后刃推坡

图2-5-10　旱雪前刃推坡

10. 旱雪后刃落叶飘

背坡站立，目视侧前方滑行方向，重心移向前脚，立后刃斜滑降，后脚向坡下逐渐发力，推板减速，逐渐加大立刃，直至停止；头转向另一侧，目视侧前方滑行方向，再次以后刃进行斜滑降，稳定自然地控制滑行方向；反复斜滑降、停止，做之字滑行（图2-5-11）。

11. 旱雪前刃落叶飘

面坡站立，目视侧前方滑行方向，重心移向前脚，立前刃斜滑降，后脚向坡下逐渐发力，推板减速，逐渐加大立刃，直至停止；头转向另一侧，目视侧前方滑行方向，再次以前刃进行斜滑降，稳定自然地控制滑行方向；反复斜滑降、停止，做之字滑行（图2-5-12）。

12. 旱雪基础S弯

双臂自然抬起，置于身体两侧以保持平衡，以前刃切入旱雪，斜滑降出发；前

图 2-5-11　旱雪后刃落叶飘

图 2-5-12　旱雪前刃落叶飘

脚脚跟向下踩，以平板着地滑行，提高身体重心，上身、膝盖保持直立；视线跟随滑行方向，使滑雪板转换为直滑降向下滑动；重心压向前脚脚跟，屈膝下压，身体微向后倾倒，逐渐调整为后刃切入旱雪，准备转换方向；降低重心，身体、膝盖逐渐弯曲，臀部下坐，后脚脚跟顺势向前推板；配合滑行的弧度及脚跟侧给后刃的压力，滑雪板由前刃转换为后刃（图2-5-13）。

图2-5-13 旱雪基础S弯

13. 旱雪双脚直跳

目视滑行方向，保持基本姿势，平板滑行。重心下降，然后双脚同时起跳，空中快速屈膝收腿，向上提拉滑雪板，空中保持平衡稳定，伸展身体双脚同时着地，落地迅速屈膝缓冲，保持平板滑行基本姿势（图2-5-14）。

图 2-5-14　旱雪双脚直跳

14. 旱滑雪板尾起跳（Ollie）

在直滑降的基础上，重心向后移动，板尾用力压雪，板头用力上提；借助滑雪板板尾被压弯之后恢复弹性时的力量迅速起跳，并上提板尾；在腾空期间保持平衡，控制好板头的方向；着陆之后保持平板滑行（图 2-5-15）。

图 2-5-15　旱滑雪板尾起跳（Ollie）

在雪期较短的地区，练习者可以利用旱雪完成基础技术的学习，然后再过渡到真雪滑行，这样可以有效解决雪期短的问题。

【思考题】

1. 简述单板滑雪的场地和器材。

2. 简述单板滑雪的装备和使用。

3. 单板滑雪的基础技术有哪些?

4. 单板滑雪旱雪技术和真雪技术的差异有哪些?

第三章 单板滑雪教学与指导

【学习目标】

- *1. 了解单板滑雪技术原理。*
- *2. 掌握单板滑雪成人教学方法。*
- *3. 掌握单板滑雪儿童教学方法。*

【导言】

本章详细阐述了单板滑雪的技术原理，单板滑雪成人教学的方法和流程，以及单板滑雪儿童教学的教学基础、教学模式和教学安全。通过学习，帮助大家掌握成人教学的有效途径，懂得如何在安全、有趣的前提下进行儿童教学，并取得预期的教学效果。

第一节 单板滑雪技术原理

一、获得动能

单板滑雪需要滑雪者借助自身重力在雪面上滑行。由于滑行速度的产生，人体获得了相应的动能，其数值上表达为$Ek=(1/2)mv^2$。动能的大小与人体的质量和滑行速度相关，其中m代表人体的质量，v代表滑行速度。在我们常见的体育运动中，动能通常由人体肌肉主动发力来获得，而单板滑雪的速度和前进动能来源于滑雪者自身所受重力。一个高水平的单板滑雪者通常可以高效率地利用重力，更合理地完成单板技术动作（图3-1-1）。

图3-1-1 高效率利用重力

如果单板滑雪只是单纯地利用重力下滑，练习者会沿滚落线径直滑向山下。如果想改变滑行路线，我们需要通过身体向弯内倾斜，创造滑雪板的立刃条件，辅之以身体的旋转动作来形成转弯。单板滑雪转弯时，如果滑雪板立刃角度低，速度较高，离心力将使滑雪板失去抓地力，导致滑雪板脱滑，甚至练习者摔倒，因此单板滑雪转弯时，滑雪者应该根据自身动能的大小妥善处理向心力与离心力的平衡。

二、完成转弯

单板滑雪转弯需要将滑雪板立刃、施压、转向与转弯的动作技巧妥善地衔接、配合。

（一）立刃

立刃是滑雪者通过身体的倾斜使滑雪板单侧边刃与雪面接触的动作，用来增加或减少滑雪板抓雪力，立刃角度越大，抓雪力越强（图3-1-2）。滑雪者在一次转弯结束即将开始下一个转弯时，需要降低滑雪板立刃角度，或把滑雪板放平来为板刃转换提供条件。

转弯开始时，拧板让板刃抓雪得以释放，降低了立刃角度，便于板头转向滚落线。拧板的幅度和速度会影响转弯的质量。

（二）施压

压力会使滑雪板弯屈变形（图3-1-3）。滑雪者可以通过身体的动作对滑雪板不同位置产生压力，来控制滑雪板弯曲变形的位置。在转弯的发起阶段，滑雪者通常会释放压力，使滑雪板更容易作出板刃转换。当雪板转换到新一侧板刃滑行时，向滑雪板施加压力，并持续到转弯的结束阶段。在下一次转弯开始之前再一次释放压力，为连续转弯做好准备。

图3-1-2 立刃　　图3-1-3 施压

向滑雪板的中心施压，整个滑雪板发生弯曲，板刃可以均匀抓雪。向板头施压会令板尾变轻，通过拧板来发起转弯会变得更容易。在转弯的结束阶段向板尾施压，可以增强板刃抓雪的能力，提高滑行稳定性。因此，我们应该根据地形、转弯和不同的技巧动作，更合理地向滑雪板不同位置分配压力。

（三）转向

转向可以帮助滑雪者引导滑雪板转至预期的方向。单板滑雪转弯时，转向最好在立刃和施压后发生。转向是滑雪板从转弯的控制阶段到结束阶段中持续进行的过程。多数情况下，转向首先从滑雪板的前半部分开始发生，滑雪板的后半部分随之转向（图3-1-4）。

压力的分布对转向有很大的影响。向板头施压转向变得更加容易，向板尾施压转向会变得更加困难。

滑雪板发起转向时，在较低的立刃角度条件下轴转更容易，较高的立刃角度轴转需要滑雪者适当地增加旋转动作的幅度。

图3-1-4　转向

（四）动作顺序

明确转弯时“立刃、施压、转向”的顺序，可以帮助滑雪者更好地理解转弯的原理。在转弯的不同阶段做出不同的身体动作，更好地协调立刃、施压和转向之间的关系，从而更好地完成单板滑雪转弯。

1. 立刃

在任何一个转弯开始前，滑雪者都必须先通过身体动作完成滑雪板换刃，因此，需要首先确定换刃发生的时间和新一侧刃的立刃速度。

2. 施压

在转弯的过程中需要确定对板刃施压的幅度、速度和向滑雪板施压的位置，以便于流畅地完成转弯。

3. 转向

转向的辐度取决于转弯的大小和形状，滑雪者在转弯的过程中需要确定转向的幅度和使用哪个身体部位作出转向。

三、运动模式

根据单板滑雪技术不同的运动方向，单板滑雪技术可以概括为四种运动模式：垂直运动、横向运动、纵向运动和旋转运动。

（一）垂直运动

垂直运动指人体单个或多个关节的屈曲和伸展动作，这些动作垂直于滑雪板而发生（图3-1-5）。单板滑雪屈伸运动发生于髋、膝、踝关节和脊柱。关节屈曲的时候，肢体互相向心靠近，关节伸展时肢体互相远离。

图3-1-5 垂直运动

1. 滑雪板的表现

单板滑雪垂直运动主要用于管理滑雪板所受的压力。这种运动模式直接影响滑雪板的变形和回弹，为不同的转弯和适应地形提供条件。

垂直运动也可以辅助滑雪板立刃和滑雪板转向。通常情况下，滑雪者身体在伸展时比在屈曲状态下更容易完成扭转。

2. 身体的表现

滑雪者在滑雪板上保持平衡，需要几个关节同时屈曲和伸展。如果只弯曲膝关节，会使重心向后移动而失去平衡。如果只弯曲踝关节和髋关节，会导致重心向前移动而失去平衡。垂直运动参与转弯的全部过程，与转弯结合的运动方式有以下两种。

（1）引身减压转弯：在转弯的发起阶段，引身释放滑雪板压力（图3-1-6）。在转弯的控制和结束阶段屈曲身体积蓄能量，管理压力。

图3-1-6 引身减压转弯

（2）屈身减压或团身转弯：在转弯初期和大部分控制阶段，伸展身体积蓄能量，管理压力。在转弯的准备和结束阶段，屈身释放压力（图3-1-7）。

图3-1-7　屈身减压转弯

（二）横向运动

横向运动是滑雪者身体横穿滑雪板中线向滑雪板两侧的运动（图3-1-8），沿滑雪板横向发生。

图3-1-8　横向运动

1. 滑雪板的表现

横向运动可以创造滑雪板的立刃和拧板。滑雪者身体重心移动幅度越大，滑雪板立刃角度越大；双脚独立的横向运动幅度越大，拧板越明显。

2. 身体的表现

滑雪者可以通过向前、后移动身体重心的幅度改变滑雪板立刃的角度。髋部、膝盖、踝关节和脊柱都可以在一定程度上发起横向运动。单板滑雪时，较小的杠杆（踝部和膝部）离滑雪板近，移动速度快，运动时不涉及移动身体重心，可以对滑行做细微的调整。大杠杆运动依靠髋部、脊柱和全身，移动速度相对较慢，但能承受的力更强大，在高速滑行和大弯时可以对抗更大的外力。横向运动常见的方式如下。

（1）内倾：指身体以固定的姿势将重心随着身体横穿滑雪板而移动，滑雪者内倾的姿势可以是屈曲的状态，也可以是伸展的状态。

（2）反弓：指通过踝、膝、髋关节协调的屈曲或伸展，将身体重心穿过滑雪板移动，在身体的某些特定部位形成弓形角度。利用前刃滑行时，滑雪者需要同步弯曲踝关节和膝关节；利用后刃滑行时，需要均匀地弯曲膝关节和髋关节。滑雪者在反弓立刃的时候，整个身体也有一定程度的内倾。

图 3-1-9　板面拧转

（3）板面拧转：滑雪者前脚和后脚分别独立做横向运动的时候，可以创造滑雪板的拧板（图3-1-9）。这个动作用于降低滑雪板一端的立刃角度，而在另一端保持立刃角度。最常见的拧板是在板头处释放山上刃（切雪的板刃），借助重力将板头拉向滚落线。这是发起落叶飘、阶梯式滑行和转弯的最有效方法。

（三）纵向运动

纵向运动由滑雪者沿滑雪板纵轴线移动身体而产生。这种运动可以调整滑雪板纵向不同位置的压力分布（图3-1-10），通常包含移动滑雪板和移动身体两种运动形式。

图 3-1-10　纵向运动

1. 移动滑雪板的运动形式

纵向运动可以调整滑雪者延滑雪板方向的压力分布，对滑雪者保持灵活居中的滑行姿势尤为重要。

压力平均分布于滑雪板上时，滑雪板边刃可以均匀抓雪，在立刃转弯时能够流畅刻滑。在转弯发起阶段将压力向板头移动，有助于引导板头朝向滚落线，但如果转弯全程滑雪者都保持重心靠前，可能导致板尾搓雪。如果重心过于落后，则很难发起转弯。

2. 移动身体的运动形式

髋、膝、踝关节乃至整个身体都可以共同参与纵向运动。我们可以利用小杠杆迅速地微调压力位置，也可以运用大杠杆进行较缓慢但更富有力量的压力控制。

（四）旋转运动

旋转运动围绕人体的脊柱发生（图3-1-11），滑雪者通过驱动杠杆臂来传导旋转力，进行逆时针或顺时针的旋转。

1. 滑雪板的表现

旋转运动可以控制滑雪板板头方向，使滑雪板在雪面上发生转向。人体重心在滑雪板上的投影位置决定了滑雪板轴转的支点位置。

在立刃角度低的转弯中，滑雪板搓雪侧滑更容易，有利于完成滑雪板的转向。但在立刃较高的转弯中，滑雪者应该更多关注滑雪板压力和立刃的控制。

图 3-1-11 旋转运动

2. 身体的表现

滑雪者可以运用不同的身体旋转动作驱动滑雪板转向。

（1）上身旋转：滑雪板保持抓雪，转动上身（或上身的某个部位）朝向预期的方向（图3-1-12），转动能量通过下身传导至滑雪板。虽然传导缓慢，但它可以产生可观的力量，常被用于平地或空中转体。

（2）下身旋转：上身保持稳定，通过腰、腿和脚的旋转驱动滑雪板转向（图3-1-13）。这种旋转迅速、有力，可以由足部和小腿旋转产生；也可以在髋关节处旋转整条腿而产生，旋转幅度更大，力量也更大。腿部旋转运动是使滑雪板转向最迅速有效的方式，用于初级转弯、陡坡转弯等。

图 3-1-12　上身旋转

图 3-1-13　下身旋转

（3）反向旋转：身体的两个不同部位朝不同方向同时旋转，或同时停止旋转（图 3-1-14），用于压力释放后的滑雪板快速旋转，或用于立刃相对较低的滑雪板转向。反向旋转常用于速度调整和各种自由式技巧中。

（4）全身旋转：转弯时全身整体旋转控制滑雪板转向（图 3-1-15），适用于滑雪板已经立刃并已经入弯之后。这种旋转既调动了下身的高效率动作，也利用了整个身体的力量，强度最大，可以抵抗高速转弯时所产生的更大的离心力。

图 3-1-14　反向旋转

图 3-1-15　全身旋转

四、姿势与平衡

单板滑雪时保持一个平衡的姿势至关重要，这种姿势是我们灵活融合四种运动模式的基本姿势（图 3-1-16）。不良的身体姿势将影响滑行表现的各个方面。因此，在建立四种运动模式之前应该准确调整学员的基本身体姿势。

（1）身体重量的均衡分布。

（2）目视滑行方向。

（3）躯干直立，双臂放松置于身体两侧。

（4）臀部、肩部与双脚保持在同一纵切面。

（5）髋、膝、踝关节自然放松并轻微弯曲。

图 3-1-16　姿势与平衡

第二节　单板滑雪成人教学

一、教学设计

教学设计是单板教学的基础。通过教学设计，我们可以简明、有序、全面、有效地呈现教学内容。它是指导员的教学指南，滑雪指导员可以运用教学设计来组织教学的内容框架。但教学设计的具体内容也应随着指导员执教经验和学员的实际情况进行适度的调整，以便最大限度提高教学质量。

（一）介绍部分

在介绍部分，需要指导员做自我介绍，介绍课程，与学员相识，了解学员的情况。

在介绍环节，学员与指导员之间的了解是相互的。通过询问学员的运动经历可以了解他们的性格特点、运动能力和参加体育运动的情况等。通过介绍而获取到的关键信息是设计课程的依据。指导员可在合适的时机完成自我介绍，其间也可以穿插介绍一些单板滑雪中的趣事和单板运动娱人制趣的原理，以提升学员对单板运动的兴趣（图 3-2-1）。

图 3-2-1　介绍

在课程的介绍环节给学员留下良好印象非常关键。在团体授课时，介绍部分要培养团队的凝聚力，确保所有学员都能参与到教学活动中。

（二）学员的分析与评估

学员的分析与评估是滑雪指导员最重要的教学设计内容之一，这项工作直接影响后期课程内容的设置。指导员应该对学员的滑行情况进行观察，然后准确描述与学员相关的身体运动情况，以及这些身体运动对滑雪板表现的影响，为后期课程内容的设计提供参考。

评估学员的滑行能力之后，指导员才能设计出针对不同学员学习目标的课程。评估学员滑行能力有如下途径。

1. 语言交流

指导员与学员交谈，了解他们的滑行经验、滑雪水平以及受过的滑雪培训经历。通过交流可以间接了解到学员的体能、年龄、性别、身体状况等相关信息。这些信息是设计课程的依据。

2. 观察

观察学员实际滑行能力是分析其滑雪水平最准确的途径，可以据此判断他们的滑雪技术，进而根据每个人的个体情况规划课程内容。指导员需要分析学员滑行的优点和缺点，据此给出反馈意见，有针对性地改善学员的技术水平。

观察学员滑行的方式有很多种，由于学员的滑行速度不同，指导员需要合理规划观察的内容。观察时，可以先明确学员当前的滑行内容，确定需要观察哪些特定动作，然后选择有利的观察位置和视角开始技术观察。

（1）观察位置。可以在坡底看学员从坡上向坡下的滑行，观察学员的正面动作；可以让学员从你身边出发向指定的目标滑行，观察学员的后面动作；可以预先指定一条滑行线路，指导员在线路的两侧观察学员的侧面滑行动作；指导员也可以跟随学员滑行或与学员并列滑行，近距离观察学员的技术动作。

（2）观察点。观察学员的滑行表现时，有不同的观察点，常见的观察点包括：

① 滑行时身体对滑雪板的控制能力；

② 滑行的流畅度及适应地形的情况；

③ 滑雪板的表现；

④ 学员身体运动的融合情况。

（三）沟通确立目标

教学目标的设立需要以指导员最终获得的教学成果为导向。设立一个目标可以使教学有方向可循，这也是教学结束时检验教学是否成功的依据。首先，应该建立学员的学习目标，然后再结合分析评估过程中得到的相关信息，设立一系列有针对性、可操作、可检验的具体目标。

学员的学习目标和指导员的教学目标通常会出现分歧。这时我们应与学员妥善沟通，共同确立教学目标，带领学员逐步向他们的目标迈进。教学目标的确立要保证安全、有趣并且内容丰富。确立教学目标时指导员通常需要考虑以下内容。

（1）根据学员的需求，结合实际情况设立目标。

（2）可以检查目标的完成情况。

（3）合理设置目标难度。

（4）将教学目标转换为更实际的具体教学目标或阶段性目标。

（5）目标设定需要明确完成时限。

（6）有明确的预期结果。

（四）课程计划与规划

课程计划可以让指导员有序地培养学员的滑雪技能。课程规划需要根据学员的学习进展和其他外部因素实时做出重新评估和相应调整。

1. 课程计划

制定课程计划时，可以按照“静态动作、简单动作、完整动作、自由练习”的顺序编写课程计划。确保课程结构合理，易于理解，难度循序渐进。

（1）静态动作：脱板或穿一只脚，模拟一个新的技术动作，有利于学员掌握新技术；

（2）简单动作：双脚穿板，缓慢地重复动作，便于适应技术内容；

（3）完整动作：将新动作融入完整的技术滑行中，重复多次练习；

（4）自由练习：让学员适应不同的滑行情境，探索和强化该项技术的应用。

2. 课程规划

（1）时间管理：课程规划应根据学员的需要而不是指导员自身的意愿安排。课程节奏要依照教学顺序进行，教学时间的安排应该是灵活的，可以根据每个学员的实际情况进行调整。

（2）场地选择：滑雪教学场地的选择至关重要，不合理的教学场地容易造成学员的恐惧心理，最终导致其难以完成预期的学习内容，更严重的情况还可能会导致学员受伤。因此，滑雪指导员在开始教学之前务必要规划一个最适合学员水平和教学内容的场地（图3-2-2）。

图3-2-2　场地选择

（3）教学环境与教学组织：滑雪场的某些位置或某个时间的教学环境可能不够理想。指导员应该对教学环境有预判，定时检查学员的状况并维护学习环境。舒适的学习环境是高效率开展教学的基础。

为了保证学员的安全和课堂教学秩序，指导员应该合理组织教学队列、队形。在特殊地形教学时，指导员应提前规划好学员的集合点，为后期教学提供方便；两次练习之间良好的组织衔接能让教学更加规范有序。

（五）教学内容的呈现与展示

教学内容的呈现应做到简明、有序、高效。根据课程内容，综合使用各种教学形式，以求最大限度发展学员技术水平。为了让学员更好地理解和接受练习的内容，向学员布置训练任务的时候，需要阐明练习的目的。指导员在讲解和示范过程中务必做到准确演示，确保学员正确地认识技术动作。在呈现教学内容时，需要注意以下几个内容。

1. 沟通交流

（1）教学时注重自身良好的仪容仪表和语气语调。

（2）语言表达需要清晰、简明。

（3）使用通俗易懂的表达方式，便于学员理解内容。

（4）积极倾听学员的反馈信息，用积极鼓励的话语激励学员。

2. 教学形式

指导员在确定课程的教学形式之前需要充分了解学员的学习方式、知识背景和运动能力，有针对性地为不同的学员确立课堂授课形式。教学形式直接影响教学内容的呈现效果。常见的教学组织形式如下。

（1）集体教学：指导员安排学员在雪道的一侧集合，用简单、精炼的语句为学员解释和说明相关技术动作，并适当地进行动作示范（图3-2-3）。

图3-2-3　集体教学

（2）针对指导：滑雪指导员在观察学员所学技术时，要及时发现学员动作的不足之处，针对学员动作上的不足之处进行相应的指正和教学（图3-2-4）。

图3-2-4　针对指导

（3）分组练习：滑雪指导员可以根据学员对技术动作的掌握程度将学员分为两组或多组，这样可以促进学员间合作交流，有助于保持学习积极性，起到事半功倍的作用。

（4）讨论提高：滑雪指导员在每次练习完成或训练之后可以组织学员进行技术讨论，由学员说出对动作的困惑之处，指导员予以解答。如此通过讨论和研究来提高教学效果。

3. 学习方式

指导员要了解学员如何接受新鲜事物或处理新信息的方式。学员学习的方式复杂多样，指导员以此为依据来呈现教学内容，可以更大程度地提升教学质量和教学效果。

（六）引导学员练习与指导

练习是教学环节的核心内容，单板滑雪教学课程中语言授课所占的比例要远少于学员练习的比例，这符合精讲多练的原则。

在单板滑雪教学过程中，指导员为了能够让学员更好地完成相关技术练习，需要对学员进行适当的引导。这样有利于学员掌握技巧，并能够在技术学习初期形成肌肉记忆。随着学员技能的不断成熟，指导员还应该引导学员尝试一些更精细的技术细节练习。

（七）检查学习情况

指导员需要通过观察、询问、聆听等方式对学员学习内容的完成情况做定期检查（图3-2-5）。教学反馈应在学员完成指定任务之后及时给出，这时他们对刚刚完成的技术动作印象更深。反馈内容关联性越高，对技术的改进和完善效果更好。

口头反馈应该清晰准确，一次只围绕一个特定的动作或内容进行阐述，具体地指出身体的哪些部位怎样运动，以达到理想的效果。在给予反馈意见的时候，要以积极正向的方式表达。不要过多关注问题本身，应更多地专注于提出动作改善意见。

（八）总结

对课程进行总结有助于学员回顾课程内容（图3-2-6）。总结应尽量包括以下内容。

图3-2-5　检查学习情况

图3-2-6　总结

（1）回顾课程内容。

（2）重申课程目标，重温取得的进步。

（3）预告下一步的学习内容，鼓励学员继续进步。

（4）为每位学员的课后独立练习给出指导意见。

（5）邀请学员参加更多的单板滑雪课程。

二、教学流程

规范的教学流程可以合理规划滑雪课程的具体内容。指导员应遵循安全、科学的教学方案实施滑雪教学。无论是长期的滑雪课程，还是一节独立的滑雪教学课程，都应参考基本的教学流程。

教学流程的具体内容包括以下几部分。

（一）队列组织

队列组织是一堂课的首要内容。指导员应合理组织队列，便于后期教学内容开展。如果是平地教学内容，尽量安排在平坦开阔且人员密度较小的地方；如果在雪道上教学，应紧靠雪道一侧组织教学。一组学员沿雪道依次练习时，做完练习的学员要在雪道的一侧明显的位置等候，后续练习的学员在动作完成后，滑至队伍最下端，依次排列。这样不仅可以使教学更加规范、有序，同时也可以最大限度地保证学员的安全（图3-2-7）。

（二）介绍内容

在课程的开始阶段，应该对教学的内容进行简单明了的阐述，便于学员认知教学内容。指导员和学员可以进行相互介绍，增加相互之间的了解和信任。指导员还应该对滑雪场地、器材和服务设施进行简单介绍，为后续的教学工作提供方便。

图3-2-7　队列组织

（三）检查评估

指导员要对学员的健康状况、器材和装备进行必要的检查，并对学员目前的技术水平做进一步分析和评估。

1. 了解学员情况

通过观察和询问，了解学员的健康状况，有无疾病、外伤和饮酒等情况，并了解学员目前掌握技术的情况。对学员状态做出评估，决定是否可以进行教学。

2. 检查器材和装备

（1）确保使用的滑雪板与滑雪者的滑雪技术、体重、身高相匹配。

（2）检查固定器安装是否符合学员的滑行特点；检查滑雪鞋是否与固定器背板紧密接触。

（3）滑雪鞋需要贴合脚部，务必选择合适尺码与款式的滑雪鞋，脚踝能够保持自由屈曲的灵活性。

（4）滑雪手套必须贴合手部，这样可使手部保持适合的温度。专用滑雪手套能够满足防水、保暖、不沾雪和不妨碍手部动作等要求。

（5）应佩戴头盔，减少头部受伤风险。

（6）为了保护眼睛并且保证滑雪安全，尤其在下雪、刮风和阳光特别强的环境下，应戴好滑雪镜。

（7）其他。长发和头巾要处理好。首饰、手机等物品应妥善安放。

（四）课前热身

指导员在正式开始单板滑雪教学之前，应该组织学员进行充分的热身活动。热身活动能够让学员的关节、肌肉和韧带逐渐预热，有助于适应即将开始的课程；另一方面，热身也能在一定程度上降低学员产生运动损伤的概率。

（五）导入课程

指导员应合理设置单板滑雪导入课程的内容，引发学员对练习内容的思考，调动学员对新课程内容的兴趣，让学员带着问题开始新技术的学习，让课程更有吸引力。

（六）讲授新课

1. 讲解技术

指导员用简单、明晰的专业术语为学员讲解滑雪技术的动作原理和动作要领，同时可结合技术示范进行直观教学，在讲解中应注意用词的准确性和专业性。

2. 动作示范

动作示范是指导员将所学技术进行完整或分解的展示。示范可单独进行，也可配合讲解同时进行，目的是使学员对所学技术有进一步的了解和认识。在示范时，要注意动作规范、标准，并适当放慢动作节奏，让学员看得更清楚；如有必要，可进行正面、侧面和后面等不同角度的示范。

3. 引导练习

给学员练习的机会，使其更好地体会所学技术，在练习过程中提高滑行能力。指导员应在学员练习过程中给予适时的指导，并针对学员的表现及时调整练习难度和练习方法，使学员的滑行技术逐步提高。

（七）巩固练习

单板滑雪教学结束后，指导员应该留出充分的时间让学员进行自由练习，以达到巩固技术的目的。但巩固练习的过程中指导员应该把控整个练习局面，确保学员的滑行安全与练习质量。

（八）归纳总结

指导员在课程结束后应及时总结本课教学目标的完成情况，并回答学员的问题。这不仅有助于学员改进技术，同时也会使学员感受到自己被关注进而更加积极地学习。另外，指导员应通过积极的言语鼓励学员进一步提高，并通过这样的交流加深彼此的印象，提高信任度。最后，指导员对下次课应提出建议和要求。

三、教学计划

指导员应该对单板滑雪的技术进阶路线有清晰准确的认知。根据单板滑雪常见的技术进阶路线，指导员应有针对性地为学员设计教学计划。

教学计划的设计通常需要明确单板技术的常规发展路线和学员自身的技术水平，根据学员的实际技术水平设计更有针对性的教学计划，对学员技术的提高有至关重要的作用。

（一）单板滑雪技术进阶路线

单板滑雪的技术进阶路线能够为学员的技术水平评价提供参考。但技术进阶路线没有统一的标准，它会随着单板滑雪技术的演变和教学的偏重而改变。以下为单板滑雪技术进阶路线供指导员参考。

1. 基础知识

场地和器材、装备的选择和使用。

2. 基本技能

携带滑雪板、站姿穿板、基本姿势与重心位置、身体运动方向、安全摔倒与站起、单脚带板滑行、单脚带板转向、滑行姿势、单脚带板登坡、单脚直滑降、单脚J形转弯与停止、坐姿穿板与站起、推坡、落叶飘、阶梯式斜滑降、C形转弯。

3. 滑行技术

连续转弯、基础S弯、大弯滑行、小弯滑行、跳转换刃、正反脚切换S弯（二维码视频）、刻滑技术、正反脚切换刻滑（二维码视频）。

4. 进阶技术

双脚直跳、板尾平衡、板头平衡、板尾起跳、板头起跳、粘转、跳转、跳台直飞、空中抓板、跳台技术、道具技术。

（二）教学计划的制定与实施

准确的技术水平评价能够为指导员制定教学计划提供更好的参考。利用一系列的练习任务教会学员完成教学计划中所涉及的技术内容是教学的重点。

由于学习风格和学习能力上的差异，有些学员能够跳过技术进阶路线中的某些内容，达成最终的目标。因此，结合学员自身技术水平，有针对性地制定最适合学员的教学计划是高效率教学的关键。

在实施教学计划的过程中，指导员应该辨别学员是需要一些以纠正为主的练习，还是需要以发展为主的练习。其中纠正性为主的练习是为了改变和改善学员的动作模式，以提高他们的动作质量；而发展性为主的练习是为了帮助学员建立新的技巧与技能。

四、教学组织

（一）雪具的应用、穿板移动和基本姿势

1. 教学内容、教学目的

认识单板器材和装备（滑雪板、滑雪鞋和固定器等），掌握单脚穿板移动的方法，介绍单板滑雪的基本姿势。

目的是让学员了解安全使用器材和装备的方法，习惯雪面滑度和维持身体平衡的感觉，建立稳定的单板滑雪站姿。

2. 教学要点

垂直运动：踝、膝和髋关节轻微屈曲。

纵向运动：保持重心纵向居中维持平衡。

旋转运动：强调整个身体与滑雪板对齐。

3. 教学场地及课堂管理

教学的场地应该选择平缓的机压雪道。在适合教学的区域中选择人流较少的地方开展教学。

单板滑雪的初学阶段，学员可能会感到疲惫，缺乏兴趣。引导学员妥善应对这种感觉十分重要，需要确保学员不会因为这种感觉影响他们对单板滑雪的兴趣。

4. 教学常见问题及纠正方法

学员在移动滑雪板时失去平衡：检查教学场地是否合适；提示学员保持眼睛看向正前方，维持身体平衡。

（二）单脚滑行与登坡

1. 教学内容、教学目的

使用基本站姿在滑雪板上熟练掌握单脚滑行；以单脚穿板的形式完成登坡。

目的是让学员掌握单脚穿板在雪面上移动的方法，提高学员带板移动的能力和适应滑雪板与雪面滑度的能力。

2. 教学要点

横向运动与垂直运动：通过持续的垂直和横向动作调整身体姿态，保持重心居中和身体稳定。

纵向运动：单脚滑行时，承重点在双脚间切换，维持身体平衡。

旋转运动：登坡时，抬起滑雪板旋转脚踝控制滑雪板方向。

3. 教学场地及课堂管理

在平整的场地和缓坡进行教学。单脚滑行时确保学员滑行的速度不能超过正常的行走速度，避免蹩脚摔倒。

4. 教学常见问题及纠正方法

学员在单脚滑行时方向失控：强调用固定脚的外沿控制板头方向。

学员的动作不稳定：提供充足的时间和场地，让学员流畅渐进地做出动作。

（三）直滑降停止

1. 教学内容、教学目的

单脚穿板，将板头朝向山下，尝试向山下缓慢滑行，逐渐改变滑行方向直至横板停止。

适应缓坡滑下的感觉，帮助学员建立信心和身体平衡，提高学员用固定脚外沿控制滑雪板方向的能力。

2. 教学要点

横向运动与垂直运动：直滑降时保持滑行基本姿势，髋、膝、踝关节均匀地轻微屈曲，保持躯干直立，避免多余的横向运动破坏身体平衡。转向时，充分利用髋、膝、踝的横向动作创造滑雪板立刃，建立稳定的身体平衡。

纵向运动：保持居中的站姿直线下滑，维持身体稳定。转向停止时，保持纵向居中的站姿，保证整侧板刃均匀地抓雪。

旋转运动：转向停止时流畅、渐进地旋转整个身体。保持身体与滑雪板同步旋转。

3. 教学场地及课堂管理

在缓坡场地进行练习，确保练习场地有足够的缓冲区让滑雪板能够借助地形自然滑行至停止。学员第一次滑行时，指导员可以伸手协助。滑行的速度不能超过步行速度，让学员在滑行时感到自如和安全。如果班级学员较多，将左脚前和右脚前的学员分组练习，避免转向时互相碰撞。

4. 教学常见问题及纠正方法

学员重心落后：增加前脚的压力分布。伸出前臂指向板头，提示学员在滑行时保持居中站姿。

转向时学员倾倒整个身体：强调前刃转向停止时，屈曲踝关节和膝关节；后刃转向停止时，屈曲膝关节和髋关节。

（四）双脚穿板活动、前/后刃站起、拧板

1. 教学内容、教学目的

双脚穿滑雪板完成简单活动，独立完成站起。

培养学员双脚穿板时维持平衡和进行简单活动的能力，使学员能够独立从雪面站起。

2. 教学要点

垂直运动：学员原地跳跃活动时，保持髋部水平。

纵向运动：感受居中的站姿时，让学员体会滑雪板纵向不同位置压力变化的感觉。身体向板头/尾移动或纵向移动滑雪板。

旋转运动：强调身体旋转对齐的重要性。

横向运动：使用踝部和膝部来做出立刃动作并保持上身稳定。体会双脚如何利用独立的横向动作进行拧板。

3. 教学场地及课堂管理

选择宽敞平坦的教学场地。可以组织学员围成一圈，让所有学员能够更清楚地看到示范动作。可以将学员分组，让学员互相用手协助对方，达到共同提高的目的。

4. 教学常见问题及纠正方法

学员无法完成后刃站起：进一步强调后刃站起的动作要领或改变站起方式，让学员选择适合自己的站起方式。

穿板活动学员做横向动作时失去平衡：提醒学员减小横向移动的幅度，逐渐地完成动作，更多地通过踝部向雪板两侧滚动立刃，增加动作的稳定度。

（五）推坡（横滑降）

1. 教学内容、教学目的

单侧板刃沿滚落线方向横滑，滑雪板与滚落线垂直。

培养学员用刃的意识，在板刃上建立平衡。

2. 教学要点

垂直运动与横向运动：保持髋、膝、踝关节微屈，适当调整立刃角度来控制滑行速度，始终保持身体平衡。

纵向运动：通过居中的站姿将压力平均分布于双脚，保证滑雪板与滚落线垂直。

旋转运动：保持身体与滑雪板的旋转角度一致，保持滑雪板在横滑降时垂直于滚落线横滑，不发生旋转。

3. 教学场地及课堂管理

在平缓的坡道上练习横滑降。虽然稍微陡一点的坡面可以减少卡雪的几率，学员更容易控制板刃，但应该充分考虑学员对坡度的恐惧心理。

横滑降教学时，应该向学员提供扶助，确保学员的滑行安全。可以在学员前面或后面提供伸手协助，防止他们卡刃摔倒。

4. 教学常见问题及纠正方法

卡刃：指导员可以提供协助，逐渐增强学员用刃滑行的能力和信心。横向移动重心时强调逐渐立刃。

腰部过度弯曲：巩固基本站姿。后刃横滑降时，要求学员背部伸直，目视山下。前刃横滑降时，要求学员上体伸直，目视山上，间歇性看向滑行方向，确保滑行安全。

（六）斜滑降

1. 教学内容、教学目的

身体在山上刃建立平衡，从雪道的一侧横穿滚落线到另一侧完成斜线滑行练习。

培养学员斜滑降时保持身体平衡和用前脚控制滑行的能力。

2. 教学要点

垂直运动与横向运动：身体领先侧的独立横向和垂直运动会产生拧板，便于滑雪板朝目标方向移动。在斜滑过程中不需要拧板动作。

旋转运动：利用旋转动作把滑雪板轴转到与滚落线方向垂直的状态可以停止斜滑降。

纵向运动：在发起斜滑降时轻微将重心移向前脚有利于启动滑行，在斜滑过程中身体应保持居中站姿。

3. 教学场地及课堂管理

选择宽阔和平缓的雪道进行练习。由于斜滑降需要横穿雪道，指导员需要时刻观察教学环境，确保学员的滑行安全。

教学时，指导员需要阐述滑雪板与滚落线的成角对滑行速度的影响。建议以缓慢、受控制的斜滑降开始练习。

4. 教学常见问题及纠正方法

沿滚落线方向横板直滑，无法斜滑：强调斜滑降时借助拧板把板头向山下方向调整，然后再将身体平衡在山上刃，便于滑雪板向斜下方滑行。强调斜滑降时，看向预期的滑行方向。

（七）落叶飘

1. 教学内容、教学目的

用单侧刃向山下呈“Z字”路线滑降。

培养学员使用单侧刃小幅度变换滑行方向的能力。

2. 教学要点

垂直运动与横向运动：身体领先侧独立的横向和垂直运动产生拧板，便于滑雪板朝目标方向移动。

纵向运动与旋转运动：朝目标方向作出旋转和纵向动作，能够协助横向运动改变滑行方向。

3. 教学场地及课堂管理

使用与横滑降练习相同的场地教学。鼓励学员把头转向行进方向，避免发生碰撞。可以安排学员用更多时间练习较差一侧板刃的落叶飘滑行的能力。

4. 教学常见问题及纠正方法

滑雪板围绕板头或板尾的轴转过度：鼓励学员使用滑雪板横滑来开始和结束一个方向的滑行。强调逐渐拧转滑雪板，控制变向的幅度。提醒学员在拧板时保持上身稳定，不能出现旋转动作。

（八）阶梯式斜滑降

1. 教学内容、教学目的

在斜滑过程中要求学员完成半圆形的连续花环状路线滑行。

在不换刃的情况下，发展学员开始和结束转弯的能力。

2. 教学要点

横向运动：开始阶段通过拧板动作释放板头并驱动滑雪板转向滚落线。

旋转运动：主要由下半身驱动滑雪板转向，上半身需要与下半身保持同步旋转。

纵向运动：将身体重心移向板头有助于驱动滑雪板转向滚落线，但斜滑阶段需要保持双脚压力均衡。

垂直运动：开始阶梯式滑行时，轻微向上引身，有助于融合横向和旋转动作。

3. 教学场地及课堂管理

选择坡度均匀的平坦雪道进行教学。

刚接触阶梯滑降时学员可能感觉恐惧。可以先在平地上模拟动作，再转移到坡上练习，采用循序渐进的教学原则。在相对平缓的坡道上练习，可以增加学员的信心，如果学员感觉难度较大，指导员可以提供援助。

4. 教学常见问题及纠正方法

学员害怕把滑雪板转向至滚落线：强化练习落叶飘和斜滑降。也可以在平坦的地形上援助学员，模拟入弯动作。

学员在滑行过程中过度弯腰：巩固基本站姿，强调正确的骨骼支撑。

（九）C形转弯

1. 教学内容、教学目的

在斜滑降的过程中通过滑雪板转向完成单次变刃滑行。

培养学员变换板刃的转向能力。

2. 教学要点

横向运动和垂直运动：借助髋、膝、踝关节的联合运动为雪板减压，身体横穿滑雪板中线完成换刃。发起C形转弯时，强调拧板动作。

旋转运动：下半身旋转驱动滑雪板转向，上半身配合下半身保持平衡和对齐。

纵向运动：重心移向前脚可以协助发起转弯，转弯的控制阶段双脚均衡承重。

3. 教学场地及课堂管理

可以在平地让学员单脚穿板模拟走出单个C形路线，这个过程中也可以对C形转弯的身体动作要领进行强调，为穿板滑行做准备。

滑行时选择相对平缓的场地教学，随着学员能力的提升，逐渐增加坡度。刚接触换刃时，建议指导员提供援助，站在学员转弯的内侧，牵学员的前手引导学员转弯，让学员体会动作要领。转弯时可以设定一些标志物，帮助学员寻找良好的换刃时机，指导员也可以通过口令对学员换刃的时机进行提示。

4. 教学常见问题及纠正方法

发起转弯困难：保持身体重心纵向居中，巩固拧板技巧。

转弯的结束阶段踢板尾：要求学员在转弯的结束阶段保持身体重心居中，在横穿雪道时看向滑行方向。

（十）基础S弯

1. 教学内容、教学目的

学员熟练掌握C形转弯后，让学员将两个反向的C形转弯连起来，形成基础S弯。

培养学员基础连续转弯的能力，建立转弯滑行的节奏和信心，开始探索更多雪道。

2. 教学要点

旋转运动：旋转运动主要来源于腿部，滑雪板轴转的支点处于双脚之间。前脚驱动滑雪板转向山下发起转弯，后脚重复前脚动作完成转弯。上半身与下半身同步旋转，保持良好的身体对齐。

横向运动：拧板动作更利于发起转弯。横向运动幅度需要达到换刃和立刃所需的内倾角度。

垂直运动：引身动作协助髋部横穿滑雪板中线完成换刃。在控制和结束阶段屈身以保持平衡。

纵向运动：发起转弯时，身体稍向前脚施压，便于滑雪板更好地朝向滚落线，随后将身体重心调整居中。

3. 教学场地及课堂管理

基础S弯初学阶段应该选择宽敞平整的雪道，给学员足够的斜滑距离，降低学员对换刃的恐惧心理。

由于连续转弯时学员始终能够保留滑行速度，相比于C形转弯更容易保持身体平衡。因此，学员但凡可以完成C形转弯，就尽快鼓励他们在同一个场地上练习连续转弯。在学员不具备自如的滑行节奏之前，指导员可以要求学员跟随其路线滑行，建立合理的滑行线路和节奏。

4. 教学常见问题及纠正方法

卡刃：强调换刃时机的准确性，要求学员逐渐入弯。

转弯严重降速：要求学员目视滑行方向，利用渐进的旋转动作完成滑雪板转弯。

（十一）基础刻滑转弯

1. 教学内容、教学目的

在连续转弯中利用板刃刻滑。

增加学员用刃滑行的意识，发展有效的立刃滑行动作，让学员感受滑雪板长时间立刃滑行，提升学员控制板刃压力的能力。

2. 教学要点

横向运动与垂直运动：垂直运动和横向运动需要良好的配合。通过屈曲踝、膝和髋关节，控制身体做出合理的反弓姿势，增加立刃角度和滑行稳定度。后刃的反弓姿势主要是通过屈曲膝和髋关节产生；而前刃的反弓姿势主要是通过屈曲踝和膝关节产生。

旋转运动：要求学员利用全身作出渐进的转向并看向滑行方向。

纵向运动：在滑雪板刻滑时保持身体居中站姿。

3. 教学场地及课堂管理

可以安排学员先在平地进行静态模拟练习。然后，在学员能够适应的坡度或不需要太多依赖搓雪减速的雪道上进行其他形式的刻滑分解练习。确保练习的雪道足够平整，宽度能够满足刻滑转弯的需求。

由于所有的刻滑分解练习都会横贯雪道进行，指导员必须严格把控教学场地安全。

4. 教学常见问题及纠正方法

转弯失去平衡：充分强调刻滑转弯的身体姿势，重申平衡在两侧刃时身体的感觉。在前刃创造身体平衡时，确保学员屈曲踝部和膝部，保持上身直立。在后刃创造身体平衡时，确保学员不会在转弯早期过度屈曲膝部和臀部。

（十二）强化转弯

1. 教学内容、教学目的

学习改变转弯半径的大小（小弯、大弯）。

利用不同半径的转弯大小，发展学员适应不同坡度和滑行路线的能力。

2. 教学要点

垂直运动与横向运动：垂直运动和横向运动的幅度大致相同，但两种运动的持续时间不同。

旋转运动：小弯需要大幅度和速度较快的旋转动作，大弯需要较小幅度但更持久的旋转动作。

纵向运动：保持纵向居中站姿，便于身体做出有效的垂直、横向和旋转动作。

3. 教学场地及课堂管理

大弯通常会增加滑行速度，占用雪道的空间也较大；在坡度较大的雪道上，需要使用较小的闭合转弯来控制速度。指导员应该根据不同的练习内容合理选择教学场地。

刻滑教学中，学员的滑行距离和学员间距都会变大。指导员有必要在雪道上设立明确的集合点，保证教学的秩序和安全。

4. 教学常见问题及纠正方法

大弯的结束阶段，身体不平稳或滑雪板颤震：要求学员用更大幅度和渐进的屈曲动作来让滑雪板在结束阶段保持稳定。

（十三）蘑菇道滑行

1. 教学内容、教学目的

介绍滑行雪包地形的技巧，学习在雪包地形上滑行。

培养学员更全面的滑行能力和探索更多地形的能力。

2. 教学要点

垂直运动：保持较低的站姿，平稳、持续、柔和的实施垂直运动。滑雪板滑过雪包上方时，关节独立地做出吸收动作。

纵向运动：辅助身体平衡，加强其他身体运动的效果。

旋转运动：下半身渐进地旋转，完成滑雪板转向。

横向运动：发起转弯时，前脚踝关节和膝关节做出较大幅度的独立横向动作来进行拧板。借助髋、膝、踝关节平稳的横向动作维持身体平衡。

3. 教学场地及课堂管理

雪包滑行练习的前期，先在坡度相似的机压雪道上练习，保持较低的居中站姿，复习闭合的屈身减压小弯。

进入雪包场地前，指导员需要评估雪包场地特点。教学时，为学员合理规划滑行的路线，确保学员在进入地形前已经热身。滑行练习时，确保学员之间保持安全距离。

4. 教学常见问题及纠正方法

学员在雪包中被弹开：考虑选择的路线是否合理。强调放松肌肉和关节，让双腿能够在需要时灵活地做出屈曲和伸展动作。

学员选择路线感到困难：在雪包场地的顶端或底端，提前规划不同的滑行路线，尽量避开深沟和大雪包。可以让学员在雪包中做斜滑降，感受每个雪包的形状。

（十四）粉雪滑行

1. 教学内容、教学目的

讲解在粉雪场地滑行的策略和技巧。

培养学员复杂雪况下的滑行能力，为学员滑行能力的全面发展提供帮助。

2. 教学要点

纵向运动：在转弯的控制和结束阶段，把髋部移动至后脚上方，重心轻微移向板尾，这样有助于板头浮起。

垂直运动：屈曲双腿，把滑雪板浮到粉雪的表面，更容易发起转弯。整个转弯过程保持平稳持续的垂直运动。

横向运动：根据粉雪的种类和深度，通过踝部、膝部和髋部平稳的横向运动调整滑雪板的立刃角度和学员横向重心的位置。

旋转运动：通过前脚、膝部和髋部渐进的旋转动作来控制滑雪板转弯。

3. 教学场地及课堂管理

教学前应该对粉雪场地做出安全评估，确保学员练习时的安全。小心自然形成的雪包，留意地形陷阱。提醒学员保持安全距离，避免碰撞。

4. 教学常见问题及纠正方法

学员向板头跌倒：转弯时身体轻微向后移动身体重心，可以帮助学员增加滑雪板在粉雪中滑行的浮力。

前刃转弯发起困难：做屈身减压转弯时，增加垂直运动的幅度。鼓励学员将换刃时机提前，使用肩和髋部做出更大幅度的横向运动。

（十五）板头平衡与板尾平衡

1. 教学内容、教学目的

学员以板头 / 尾为支点，完成平衡滑行。

加强学员对滑雪板纵向压力分布控制的能力，提高学员灵活控制滑雪板滑行的能力，为学员学习更多的单板技巧奠定基础。

2. 教学要点

纵向运动：学员将身体重心转移至板头 / 尾部，滑行过程中在支点处建立稳定的纵向平衡，滑行即将结束时身体重心回到纵向居中位置。

垂直运动：滑行过程中适当屈曲支撑腿，维持稳定的姿态保持身体平衡。

横向运动与旋转运动：学员使用横向居中的姿势控制滑雪板平板滑行；为了保持身体的稳定，学员不应该作出任何方向的旋转动作。

3. 教学场地及课堂管理

可以选择宽敞平整的场地开始教学，逐渐向平缓的雪坡过渡。坡度的选择应该适合学员的能力，确保学员不会对所选择的坡度恐惧。需要给学员充分的练习时间，学员的支撑平衡滑行时间会逐渐加长。指导员可以提前对滑行安全进行强调，当学员滑行速度过快时提醒其应该合理控速。

4. 教学常见问题及纠正方法

滑行方向改变：学员的身体对齐，保持肩膀与滑雪板平行，目视滑行方向平板滑行。

难以抬起板头 / 板尾：加强纵向运动的幅度和灵活度，可以从平地静态练习到缓坡平衡滑行，逐渐提高学员纵向平衡的控制能力。

正反脚切换S弯

（十六）S弯正反脚转换

1. 教学内容、教学目的

介绍反脚滑行，用反脚滑行完成基础S弯；掌握正反脚转换滑行。

培养学员单板滑雪技巧的基础能力。增加学员自由滑行的变换能力。

2. 教学要点

旋转运动：与下身的旋转相比，上身和头会提前稍做旋转，便于视线朝向转弯方向，帮助学员完成正反脚的转换。

横向运动：拧板动作能够帮助学员有效地发起转弯。转弯时，学员需要注意借助横向运动控制换刃的时机。

垂直运动：引身使髋部更容易横穿滑雪板中线完成变换刃；在转弯的控制和结束阶段屈身控制平衡和控制压力。

纵向运动：身体轻微移向前脚便于发起转弯。

3. 教学场地及课堂管理

与基础S弯的教学场地相同。

初学阶段学员对于反脚滑行可能不适应，指导员需要运用简单的练习增加学员的反脚基本滑行能力和正反脚转换技巧。指导员应提示学员视线盲点的存在，用以保证教学安全。

4. 教学常见问题及纠正方法

反脚滑行的问题与基础S弯的问题相似。大部分问题是由不良的身体姿势造成的。斜滑降是练习平衡和站姿的有效方法，指导员应强调转弯开始和结束时保持正确的滑行姿势。

正反脚切换刻滑

（十七）豚跳

1. 教学内容、教学目的

使用板头 / 尾起跳、豚跳转体180°、豚跳内 / 外转360°。

培养学员豚跳能力，为学员进入单板公园练习跳跃提供帮助。

2. 教学要点

纵向运动：根据不同的豚跳内容，将承重点合理转移到滑雪板的纵向不同位置，为起跳做充分的准备。落地时，重心回到滑雪板的中心位置。

垂直运动：起跳前，学员需要放松髋、膝、踝关节。起跳时，强力伸展三关节完成跳起。在空中膝部向上屈缩，增加身体稳定性。落地时，先伸展双腿，然后屈曲髋、膝、踝关节落地缓冲。

横向运动：板头／尾起跳需要使用横向居中的站姿来作出跳跃，保持身体稳定；转体豚跳需要利用横向运动，建立稳定的身体平衡和跳跃条件。

旋转运动：板头／尾起跳，学员的身体不应该有任何旋转动作，保持身体稳定；转体豚跳需要借助肩关节旋转带动身体蹬踏起跳。

3. 教学场地及课堂管理

可以选择宽敞平整的场地开始教学。逐渐转移到平缓的雪道上发展技巧，坡度的选择应该适合学员的能力，确保学员不会对所选择的坡度恐惧，并有充分的时间完成跳跃动作。

教学过程中，学员容易把注意力全部放在自己的动作上，指导员需要提示学员留意周围的情况，避免与组内其他学员发生碰撞。

4. 教学常见问题及纠正方法

板头／尾起跳时学员习惯利用双脚同时起跳：强调先把一侧脚提起，借助雪板弹力跳起的动作要点。

（十八）道具技术

1. 教学内容、教学目的

杆式道具与箱式道具的使用。

学习简单的道具滑行技巧，掌握如何平衡地滑过道具，增加学员对道具滑行的信心。

2. 教学要点

垂直运动：利用放松的髋、膝、踝部降低身体重心，帮助学员平稳地在道具上滑行，在滑出道具时进行缓冲。

旋转运动：学员在探索横呲时需要作出稳定的反向旋转来保持身体平衡。

纵向运动：根据不同的道具滑行技术合理分配滑雪板纵向压力，以保持身体平衡和稳定。

横向运动：保持滑雪板平板滑行，避免产生横向运动影响滑雪板在道具上的滑行。

3. 教学场地及课堂管理

先在平地进行模拟动作练习，逐渐增加坡度体验和技巧练习。指导员提醒学员遵守道具使用的注意事项。指导员在完成技术动作示范后，有必要在道具旁援助学员尝试练习，降低学员对道具的恐惧感，确保学员安全滑行。

4. 教学常见问题及纠正方法

学员在道具上压板滑行时不能抬起板头／尾：鼓励学员在机压雪道更多地练习，完善技术细节，更精准地控制压板动作；强调结合垂直运动和纵向运动，把学员的髋部移向板头／尾；确保肩部朝向与滑雪板保持平行。

（十九）跳台直飞

1. 教学内容、教学目的

借助自然或人造的道具完成起跳直飞。

目的是培养学员简单的跳跃能力，训练学员基本的空中意识，提升学员信心。

2. 教学要点

垂直运动：借助身体的垂直运动创造良好的跳跃和落地缓冲效果。

横向运动：利用平板起跳和落地，尽量减少横向运动。

纵向运动：双脚同时落地，避免身体后坐或前倾。

旋转运动：保持身体与滑雪板的对齐及稳定，避免做出旋转动作。

3. 教学场地及课堂管理

教学时先静态练习再缓坡练习，然后到小型自然道具的场地练习，确保难度逐渐增加。指导员需要留意雪道潜在的危险，要求学员使用较慢的滑行速度进行练习。

4. 教学常见问题及纠正方法

落地时横板卡刃：保持两肩连线与滑雪板对齐并指向前进方向。

跳起时，重心落在板尾：起跳时主动平稳地做出伸展动作，在空中同时向上收起双腿。在起跳和着陆时，保持居中站姿。

着陆时身体后倾：强调在助滑、起跳和空中动作中，均匀地屈曲踝、膝及髋关节，保持身体居中站姿。

滑雪板横滑落地：练习反向旋转的动作，确保学员的上半身和下半身能够作出旋转分离。

（二十）空中抓板

1. 教学内容、教学目的

掌握在空中跳跃时完成抓板动作。

强化学员身体在空中的控制能力和保持平衡的能力，培养学员不同的抓板动作，彰显学员的个性风格。

2. 教学要点

垂直运动：不同的抓板动作，需要双脚同时或独立地做出屈曲或伸展的动作。

横向、纵向和旋转运动：需要协调配合每个方向的运动，做出想要的抓板动作。

3. 教学场地及课堂管理

当学员能够自如地跳跃，提醒学员遵守滑雪公园的守则。如果没有适合的跳台可供练习，指导员可以发挥创意，寻找一些多变的地形，让学员产生足够的滞空时间来做出抓板动作。

4. 教学常见问题及纠正方法

过早做出抓板动作，导致身体失去平衡：把起跳和技巧动作的时机分开，确保学员不会过急地做出抓板动作。

五、技术分析

（一）介绍

技术分析能够准确简洁地传达单板技术信息，帮助学员增强优势，解决问题，是单板教学中非常关键的部分。通过动作分析模式中的三个元素“观察、评估、制定方案”构建动作分析流程，可以有效地改善课程，并为学员技术的提高带来积极的影响。

（二）流程

学员的动作会对滑雪板的表现造成相应的影响，动作分析流程就是对这个影响的检验过程，它包括观察、评估、制定方案，以及如何增强他们的优势。

1. 观察

准确分析学员在滑雪板上的动作，需要通过对多重元素的观察才能得出结论。

（1）环境。

① 天气条件：包括温度、风力、能见度对表现的影响，如低温大风天气身体易发僵，应适当增加室内时间，保持运动状态。

② 雪况：包括雪质、雪温对表现的影响，如低温硬壳雪易使板底变涩，应将重心适当后移，防止平板滑行时突然减速失去平衡。

③ 雪道交通情况：包括在雪道上以及缆车上排队的人数对表现的影响，如雪道上滑雪者过多会使学员紧张，注意力不集中，应选择滑雪者较少的区域进行教学，在提高安全性的同时使学员更放松。

（2）器材。观察器材尺寸是否适合学员以及安装是否正确，避免因器材问题对学员学习造成影响。

（3）滑雪者。作为单板滑雪的主体，滑雪者的自身因素是不可忽视的。越了解学员，对于计划的制定越有帮助。增进对学员的了解可以从主、客观两个方面入手。主观方面包括认知方式、感知方式，客观方面主要是运动方式。

① 主观方面。认知方式会影响学员对课程的态度以及动作运用，例如：没有运动经验的学员对课程的态度以及对动作的理解和运用与板类运动爱好者必然不同；感知方式会影响学员对参与课程的情绪与动机，例如：恐惧情绪会令肌肉紧张，导致动作变形，很难快速进入运动状态，这时应帮助学员尽快回到熟悉的安全站姿，重新建立安全感及信心。

② 客观方面。每个人的运动能力都不一样，这是性别、年龄、身高、体重、身体比例、体能状况乃至主观能动性决定的。不能寄希望于每个人的运动能力都是一样优秀的，应针对不同运动能力的学员制定相对应的方案。

（4）滑行。进入到滑行观察环节，设立一个任务可以有效地帮助学员与指导员建立共同的认知和理解，同时配合观察要素及观察方法，从而帮助指导员得到更准确的判断。

① 任务设定。应根据学员的实际滑行水平以及对课程的期望和目标，利用表格中的元素设定任务（表3-2-1）。例如：参与连续转弯课程的学员，为了观察速度控制能力，我们可以将任务设定成闭合、小弯、正脚、搓雪、基础、上下半身对齐的转弯。应随着学员的进步不断调整任务的设定。但无论任务是复杂还是简单，都应清楚地描述并做出相对应的示范。

② 观察要素。观察点包括雪道上的轨迹、滑雪板表现、身体动作，或者以上所有点的综合情况。

③ 观察位置。学员上方、侧面及下方，或者移动跟随，不同的观察位置可以提供不同的观察角度。

表3-2-1　任务设定元素表

任务设定	元素
弯的形状	开放、闭合
弯的大小	大、中、小
方向	正脚、反脚
转弯类型	搓雪、刻滑
运动模式	基础、动态
上下半身关系	在换刃或转弯的其他阶段，上半身是分离状态还是对齐状态

④ 观察方法。从头向下观察、从滑雪板向上观察或者从核心向外观察，通过两个转弯观察滑雪板的表现和动作，一个转弯观察一项内容，或者将两个转弯进行对比。

⑤ 观察工具。观察工具可以帮助指导员有效提升技术分析能力，通常包括观察学员的特定动作、身体及雪板的位置、学员的滑行站姿等。

滑行轨迹——滑行轨迹可以清晰地显示滑行状态。例如：搓雪还是刻滑；入弯出弯的板刃转变；换刃是通过放平滑雪板还是在空中完成的；转弯的阶段以及对称性；换刃时机的选择等。

站姿分析——一个居中、稳定的站姿可以被想象为一个等腰三角形，滑雪板构成了三角形的底边，板头、板尾与滑雪者头的连线构成了两个侧边。当站姿发生改变时，三角形的形状也会改变。例如：前腿弯曲大于后腿，前腿垂直于滑雪板，等腰三角形会变为直角三角形。轴转轴心转移至前脚，后脚给板尾的施压将会变得困难，易造成板尾在转弯结束阶段搓雪且过度旋转。如后腿弯曲过多则会造成相反的情况，后腿垂直于滑雪板，轴转轴心转移至后脚，前腿对板头的施压将会变得困难。缺乏引导的板头会使转弯的开始阶段变长，但结束得很快，易造成推停或卡刃的情况。

保持平行——当滑雪者以居中站姿站在平地时，滑雪板、两个膝关节、髋关节，以及两肩所在的平面都是互相平行的。滑行时也应保持这四个平面始终与雪面保持平行，随着雪道的变化要及时调整滑行的姿态。如果因为恐惧而重心后移，造成后腿弯曲比前腿更多，这时就可以清晰地看到，两个膝关节与髋关节所在的平面不再平行于滑雪板，两肩的位置也会改变，板头将失去控制，使滑行变得更困难。

观察膝盖——此工具可以帮助判断滑雪者是否通过小腿主动拧转滑雪板发起转向。如果侧向观察横穿雪道的滑雪者时，发现无法看到后腿膝盖，这说明膝盖的力量分布是均匀的。当滑雪者通过前腿膝盖拧转滑雪板发起一个后刃换前刃的转向时，我们会在前腿膝盖的后侧看到后腿膝盖，在换刃完成后后腿膝盖将再次隐藏在前腿膝盖之后。前刃换后刃的时候则相反，我们将会在前腿膝盖的前侧看到后腿膝盖。

视频反馈——视频可以非常客观地展现滑行者的姿态及动作。让被拍摄者可以清晰地看到自己实际的滑行与自己的想象的区别。可以帮助被拍摄者有效地将想象与实际表现相结合，更快地提高。

2. 评估

在充分的观察之后，给学员准确的反馈至关重要。评估应该是简洁地、客观地、真诚地、清晰地表达出学员的问题。应当与学员对课程的期望相联系，并且将关注点放在动作上。

（1）反馈原则

及时给予积极、适量的反馈；根据学员的学习类型（视觉、听觉、动觉）给予反馈。

这些原则可以帮助针对不同的学员提供精确、诚实、特定的反馈。在这个基础上，可以提供有效的改进措施，帮助学员达到他们的目标。

（2）评估参考

① 滑行参考面：肩膀和髋与雪道平行；居中站位。

② 活动范围：活动范围可以通过关节的弯曲、伸展以及旋转的量来判断。在评估动作时要意识到每个学员的活动范围都是不一样的。最好的办法就是针对不同的学员设计不同的动作模式，以达到与希望目标接近的结果。

③ 时机、强度、持续时间：把一个动作的时机、强度和持续时间描述给学员与练习动作本身一样重要。为了更有效地与学员交流动作，应该开发一些内容，并且与学员分享这些内容的含义。当学员在学习新动作的时候，时机是一个特别难的部分，这也是为什么不只要教学员正确的动作，还要教什么时候做动作。时机加上动作的强度和持续时间就是一个非常有效的动作描述。

④ 因果关系：在单板滑雪中存在着大量的因果关系。这些因果关系可以用于提高学员在执行一个滑行任务或技巧动作时的意识，以及加强或者改正动作模式。在基本层面上，身体动作是原因，作用在滑雪板上造成的表现是结果。

3. 制定方案

作为一名单板滑雪指导员，工作中很重要的一部分内容，就是在观察、分析学员滑行之后，能够匹配与学员表现相对应的动作。

（1）制定目标：根据学员对课程的期望制定目标，以满足学员的需求。

（2）制定课程：高效快速地制定与学员目标一致的课程计划；通过不断的练习找到适合自己的教学风格，以更好地满足学员的需求。

4. 总结

理解并应用动作分析的所有方面并不容易，应利用观察、评估和制定方案的基础框架来积累经验。高效的动作分析可以让课程更快见效，这对指导员、学员以及单板运动都更有益处。

第三节　单板滑雪儿童教学

一、教学基础

儿童教学跟成人教学的技术要求是基本一致的，但是同样的技术在教学安排上是有区别的。第一次接触孩子时，让他们感到舒适是非常关键的。微笑着和他们打招呼会是一个好的开始。面对低龄儿童时，把身体降低到他们的高度，从而减小身高差距带来的压力（图 3–3–1）。

每个孩子都有自己的特点，为了能结合孩子的特点制定更适合的教学方案，通过提问来为孩子建立档案是非常有必要的，例如了解孩子的身体特征和运动背景，学习风格和喜好，理解能力和对学习的期望，身体状况和情绪状态等。

图 3–3–1　减小身高差距

二、教学模式

儿童教学课程中通常运用“玩耍–练习–探险–总结”的四步教学模式。

（一）玩耍

以孩子能理解的表达方式介绍课程内容、活动区域，以及什么时候可以回到父母身边。通过小游戏创造轻松有趣的氛围，建立信任感。

（二）练习

课程应具有趣味性、互动性，富于创造性。使用适当的教学风格与简洁、孩子容易理解的语言，针对不同学习类型的孩子设定较容易完成的目标（图3-3-2）。

图3-3-2　设定较容易完成的目标

（三）探险

在练习表现稳定之后，可以为孩子布置具有挑战性的任务（图3-3-3）。同样应以游戏的形式带领孩子探索新地形，开发新技能。

（四）总结

下课前用简洁的语言回顾课上的内容，以加深孩子的印象。如果可能的话邀请父母参加课程总结，让他们了解孩子的进步情况，为下一阶段的学习提出建议。

三、教学安全

在儿童教学过程中，保证孩子的安全是最重要的，指导员在课上应通过不断提示来培养孩子的安全意识（图3-3-4）。

图3-3-3　布置具有挑战性的任务

图3-3-4　培养孩子的安全意识

记住所有孩子的名字、衣服以及总人数，并让孩子记住指导员的名字；每次行动前和停下来后都要检查人数，可以让孩子选择或者指定一起行动的同伴帮助管理；提前设定容易辨别的集合点和万一走散时备用的集合点；增加孩子的参与度，让他们轮流选择练习时可以停下的安全点，或者让他们在开始滑行前检查是否安全；合理安排休息时间，避免孩子因疲劳、饥饿或者着急上厕所而产生安全隐患。

四、传授技能

认知、情感、体能（CAP）模型是一套描述在不同年龄段及发展阶段的儿童认知方式、感知方式以及运动方式的指南（表3-3-1）。它的价值在于帮助大家了解孩子的发展阶段，从而设定务实的目标，理解孩子行为的基础，以适合孩子能力和偏好的方式进行交流，传授与孩子身体情况相符且可以实现的动作技能，从而帮助孩子取得成功。

表3-3-1　认知、情感、体能（CAP）模型对照表

3—6岁	7—12岁	13—17岁
认知领域：	**认知领域：**	**认知领域：**
我能展示我学到的东西	我能做好的：	我能：
我有活跃的想象力	一次一个指令	同时进行多个指令
我喜欢做游戏	当我知道为什么我被要求去做的事情	按顺序排好项目
我需要示范	当我被多种方法培训时	明辨是非
我一次只能记住一两件事	当我被挑战并且能成功时	抽象思维
我的注意力集中时间较短	我能，并且将会去做：	理解复杂的概念
我可以很好地进行模仿	描述并解释概念	**感知领域：**
感知领域：	记住一天中的精彩时刻	我喜欢：
我不需要做到完美	提出问题	被尊重地对待
我可能对周围环境感到不太舒适	**感知领域：**	融入所有人
我需要安全感	我想在我的一天里拥有支配权	在提高技巧时感到快乐
我希望在做得好的时候受到表扬	我想要独立工作	作为集体的一分子被接受
我可能需要爸爸妈妈	我与伙伴们比较一天的收获	参与决策过程
我可能需要安慰	我想玩得开心和做游戏	我不喜欢：
身体领域：	我想知道我是否有做得很好的时候	被轻视
我的头和身体其他部分比起来很大	**身体领域：**	被孤立
我重心很高	当我通过多种活动学习的时候	我可能会不尊重权威并且会验证自己的独立性
由于重心高，我会比较容易摔倒	当我根据简单指令独自练习的时候	
我喜欢经常动，但是很容易累	当我通过重复和反馈学习新动作的时候	**身体领域：**
我可能更倾向用后刃，因为我更依赖骨骼支撑而不是肌肉支撑	我能独立移动全身不同的部位	我可能正在经历突然发育，会影响我的协调性
		我比前几年要强壮
单独移动胳膊和腿对我来说非常困难		如果我是女孩，我可能会比同组的男孩更成熟

1. 认知发展

CAP模型中的C指的是孩子的思考方式。指导员需要确定孩子是如何接受和处理信息的，才能更好地通过激发孩子认知学习的方式来传达信息。

2. 感知发展

CAP模型里的A指的是儿童感知和情绪的发展，它决定了儿童对自我感觉的表达以及与他人互动的方式。请努力了解学员对自己、他人和世界的感受和理解，这可以大大改善指导员授课的效果。

3. 身体发展

CAP模型中的P指的是孩子随着身体发育可以完成的不同运动模式。了解儿童的身体发育，将有助于解释儿童为何以及如何按照自己的方式行动。

根据CAP模型我们可以得知，孩子未必可以做到完美。但是如果他们可以通过其他动作的补偿完成动作并乐在其中，我们大可不必让孩子停下来，而是可以调整课程计划与期望。例如：如果孩子用上半身发起转弯，指导员应用另一种发起转弯的方法来取代，直到孩子的问题得到解决，否则，孩子可能会失去他唯一可以发起转弯的方法。

五、正确引领

儿童滑雪教学重点关注的是如何根据孩子们心理、情感和身体的发展情况，以及如何根据他们的特殊需要调整教案的内容和形式。通过运用自己的专业知识帮助孩子完成学习目标固然重要，但请不要忽视作为一名指导员的榜样的力量。在培养单板滑雪爱好者的同时，也请引领他们体验快乐的滑雪运动，欣赏美丽的自然环境，建立自己的滑雪文化观念。

【思考题】

1. 简述单板滑雪技术原理，完成转弯的动作顺序。

2. 简述单板滑雪成人教学流程。

3. 如何设定单板滑雪成人教学计划?

4. 简述单板滑雪儿童教学模式。

第四章 单板滑雪安全与体能训练

【学习目标】

1. 学习单板滑雪安全相关的规章制度。
2. 了解单板滑雪运动风险管控相关的问题。
3. 熟悉单板滑雪损伤与急救知识。
4. 掌握单板滑雪体能训练的方法和手段。

【导言】

滑雪是高危险性体育项目，参与单板滑雪运动具有一定的风险。注重滑雪安全，学习单板滑雪运动安全规范，掌握损伤与预防知识，加强体能训练是降低风险的有效途径。

本章介绍了基础体能训练和单板滑雪专项体能训练方法，对容易产生运动损伤的情况进行科学阐述与分析。希望通过对这部分内容的学习，提高大家的安全意识和安全保护能力，使大家在安全、快乐的前提下体验单板滑雪运动的乐趣。

第一节　相关条例

滑雪运动安全规范包括保障单板滑雪安全的一系列相关条例，其中主要有管理者安全规范、滑雪者行为准则、指导员行为规范、场地和器材规范、索道安全和规范。

一、管理者安全规范

安全的滑雪环境和科学的管理是滑雪场所对滑雪者重要的安全保障，负责滑雪场所的管理人员应该遵守滑雪安全规范，服务滑雪者，妥善处理滑雪场所的相关事宜。

1. 滑雪安全的保证

滑雪场管理者（法定代表人）在有关法规和监督部门的指导下，要全面执行安全规则并组织实施和进行管理，竭力保证滑雪场所的安全。

2. 保护滑雪者

滑雪场管理者，要对事故的发生有一定的预见性，并时刻准备进行急救。要采取适当的措施预防事故的发生。工作人员要时刻做好准备，要常备各种急救用具、运送工具等，努力防止和减轻对滑雪者可能造成的伤害。

3. 滑雪者安全提示

滑雪场管理者，应该在滑雪场入口或醒目的地方，设置语言简练的提示板，内容范围如下：

（1）提示滑雪者，滑雪有危险，请他们认真考虑，谨慎行动的内容；

（2）提示或警告滑雪者容易发生危险的雪道地点；

（3）提示滑雪者，在管理区以外的场所活动，在非滑雪道、未开放或已关闭的滑雪道、非该项目的滑行道等的活动，如发生伤害事故，自己负责任的内容；

（4）滑雪场使用的标识和表达方式一览图表。

4. 向导图的设置

（1）要在滑雪场入口和其他醒目的地方，设置滑雪场整体向导图；

（2）向导图应包含以下内容：管辖范围，全部索道平面图，各级别滑雪道平面图，索道和滑雪道是否开放或关闭，管理办公室、巡察员值班室、医疗机构等管理设施，滑雪指导员室、滑雪学校、托儿所、休息室、餐厅等服务设施；

（3）除了在入口等处设置向导图外，还应该在空中索道乘用处设置向导图和该索道匹配的滑雪线路图；

（4）向导图的各种符号，应使用全国统一的滑雪场所标识（图 4-1-1）。

5. 配备安全巡察员

滑雪场需要有专门的安全巡察员，并且分布在雪场的各条雪道及其游戏等区域，安全巡察员应该具备熟练的滑雪技术和相应的急救常识，不间断地进行安全救护巡逻。

6. 急救医疗的准备

滑雪场所应该设有医疗救护点或医疗室，并有医护人员值班，能够进行简单的救护和伤病处理；应常备急救用具、运输工具等，以应对突发事故。

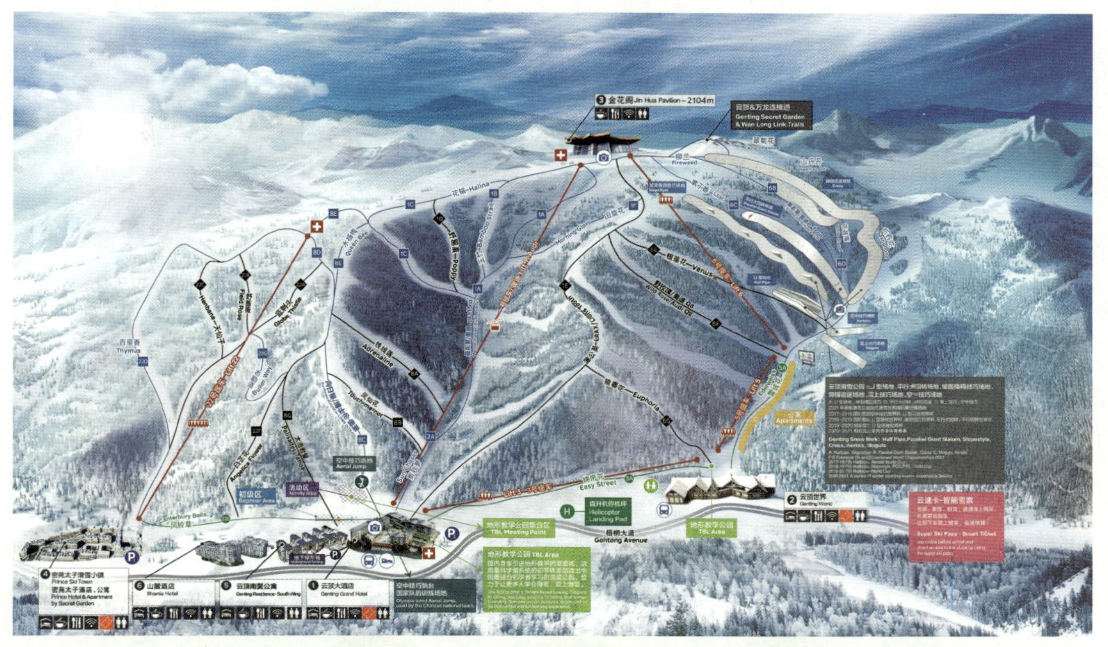

图 4-1-1　滑雪场向导图

7. 滑雪的标识设置

（1）在滑雪场必要的地点设置以下标识：禁止危险行为的“禁止标识”（图4-1-2），提醒注意危险警告的“注意标识”（图4-1-3），指示特定使用方法的“指示标识”和表示雪道难度的“难易度标识”等。

编号109
直径45 cm
禁止放开拖牵

编号110
直径45 cm
禁止背小孩

编号111
直径45 cm
禁止自由技术滑行

编号112
直径45 cm
禁止狗入内

编号113
直径45 cm
禁止单板滑雪

编号114
直径45 cm
禁止停留

编号115
直径45 cm
禁止背包坐吊椅

编号116
直径45 cm
禁止骑雪地自行车

编号117
直径45 cm
禁止上下拖牵

编号118
直径45 cm
禁止吸烟

编号119
直径45 cm
禁止背小孩乘拖牵

图 4-1-2 禁止标识

编号001
37 cm×37 cm
停车场

编号002
37 cm×37 cm
紧急求助电话

编号003
37 cm×37 cm
办理手续

编号004
37 cm×37 cm
吊箱缆车

编号005
37 cm×37 cm
大型缆车

编号006
37 cm×37 cm
有轨缆车

编号007
37 cm×37 cm
越野滑雪传统技术

编号008
37 cm×37 cm
越野滑雪自由技术

编号009
37 cm×37 cm
单人吊椅

编号010
37 cm×37 cm
双人吊椅

编号011
37 cm×37 cm
三人吊椅

编号012
37 cm×37 cm
四人吊椅

编号013
37 cm×37 cm
杆式拖牵

编号014
37 cm×37 cm
儿童在外侧

编号015
37 cm×37 cm
履带式索道

编号016
直径45 cm
径直向前

编号017
直径45 cm
径直向左

编号018
直径45 cm
径直向右

编号019
直径45 cm
请放下护栏

编号020
直径45 cm
请抬起护栏

编号021
直径45 cm
背包放在怀中

编号022
直径45 cm
雪板前端抬起

编号023
直径45 cm
从右侧下吊椅

编号024
直径45 cm
从左侧下吊椅

编号025
直径45 cm
从左侧下拖牵

编号026
直径45 cm
从右侧下拖牵

编号027
直径45 cm
保持雪板平行向前

编号028
直径45 cm
请保持平衡

编号029
直径45 cm
跌倒后从左侧离开

编号030
直径45 cm
跌倒后从右侧离开

编号031
直径45 cm
排成两列

编号032
直径45 cm
排成三列

编号033
直径45 cm
排成四列

编号034
直径45 cm
排成六列

编号035
直径45 cm
雪仗放在一只手中

编号036
直径45 cm
37 cm×37 cm
护士站

图 4-1-3　注意标识

（2）应使用全国统一的滑雪场标识。

8. 禁止进入区域的设立

在滑雪场或其他禁止入内的地点设置禁入标识，必要时可以增设绳索、绳网、栏杆等阻拦设施。

9. 危险物警示

设置标识或替代物提示滑雪者注意（图4-1-4）：滑雪场内或邻近雪道的自然障碍物和人工障碍物；即时的天气情况；能见度30米以内的物体。

10. 特殊情况的应急通告

出现下列情况时，滑雪场管理者要向场内全体人员和滑雪者发出应急通告：

（1）因雪层薄，滑雪道地面或地面物体露出或容易露出的情况；

（2）雪道关闭的情况；

（3）索道停止运行的情况；

（4）部分雪道比正常情况滑行的难度增大；

（5）气象台发出气象警报；

（6）在某地段雪道内临时设置了物体；

（7）遇其他类似影响滑雪安全的情况。

编号201
边长56 cm
危险

编号202
边长56 cm
注意压雪车

编号203
边长56 cm
注意雪道狭窄

编号204
边长56 cm
注意雪道交叉

编号205
边长56 cm
小心裂缝

编号206
边长56 cm
小心悬崖

编号207
边长56 cm
注意造雪机

编号208
边长56 cm
注意拖索陡坡

编号209
边长56 cm
注意雪地摩托

编号210
边长56 cm
注意雪崩

编号211
边长56 cm
注意右侧交汇

编号212
边长56 cm
注意左侧交汇

编号213
边长56 cm
向右转弯

编号214
边长56 cm
向左转弯

编号215
边长56 cm
向右急转

编号216
边长56 cm
向左急转

图 4-1-4 危险物警示

11. 山上没有初级滑雪道时应出告示

当山上没有初级滑雪道时，应该在空中索道乘坐处醒目的地方告示初学者，不要乘坐索道上山。山上没有中级滑雪道时，应采取同样措施。

12. 标识物的维护

在滑雪场开放时要确认告示牌、揭示板、标识物等是否能够看清楚，巡察员还应定期检查。

13. 预防雪崩的危害

（1）滑雪场要尽可能防止雪崩给滑雪场带来危害；

（2）当雪崩发生并给滑雪者带来危险时，应该尽早将雪场或部分雪场关闭。采取引导避难、播报险情以及其他确保滑雪者安全的措施。

14. 维持正常滑雪秩序

滑雪过程中，如果发现有的滑雪者干扰其他人滑雪的行为，在提醒与劝说后仍然不改正者，应要求其马上退出滑雪场或报警交由警察进行处理。

二、滑雪者行为准则

由于滑雪运动的特殊性，虽然滑雪者穿着专有的器材在特定的场地上滑行，但难免会发生事故，且多为滑雪者自行跌倒或互相撞碰而致，有不可预见性，大部分属意外伤害事故。为了预防和避免事故的发生，要求每位滑雪者严格遵守滑雪者行为准则。

（1）尊重原则。每位滑雪者都应该遵循安全行为准则：绝不做出损伤或致使他人受伤的行为。

（2）自控原则。每位滑雪者都应当让自己的滑行处于可控范围之内。其滑行速度和方式应当和其个人滑雪水平相符，并且应根据地势、雪质、天气和雪场人口密度来选择以何种方式滑行。

（3）选择安全线路原则。后方滑雪者务必要选择不危及前方滑雪者的线路滑行（前方滑雪者有雪道使用的优先权）。

（4）超越原则。从后方或侧方超越其他滑雪者时，应保持足够的安全距离。

（5）进入雪道、启动和爬坡原则。滑雪者进入雪道，在滑雪中途稍做休息后重新开始，或者向坡上攀爬时，务必保证不危及自己及他人的安全。

（6）停止地点原则。除非必须，滑雪者应避免停留在雪道中间、赛道、狭窄的雪道、视线易受阻的地方，若经过上述地点，请尽快通过。

（7）两侧行走原则。如需在雪道上行走时，请务必在雪道两侧。

（8）注意警示标识原则。请滑雪者务必对警示标识、禁止标识，提示标识保持足够的重视。

（9）协助原则。一旦遇见事故，每个滑雪者都有义务去帮助受伤的人。

（10）事故确定身份原则。事故后的滑雪者或者目击者，无论是否有相关责任，应在第一时间联系滑雪场救护人员，并应该彼此留下联系方式。

三、指导员行为规范

对滑雪指导员的职业活动进行规范细致描述，可以推动冰雪运动普及发展，强化战略规划布局，丰富群众冰雪活动，同时确保滑雪指导员在教学过程中秉持专业、道德、负责的态度，为学员创造安全、健康、积极的学习环境。

（1）热爱滑雪事业。滑雪指导员应热爱滑雪事业，以推广和普及滑雪运动为宗旨。

（2）维护职业形象。滑雪指导员在滑雪教学活动中应维护职业形象，建立信任，提高声誉，为学员提供更好的服务体验。

（3）保障滑雪安全。在滑雪运动中，保障滑雪安全是重中之重。滑雪指导员有责任强化安全教育，做好安全检查，帮助学员增强安全意识，降低事故风险。

（4）实施教学指导。滑雪指导员应通过科学、有效的教学手段推广滑雪技术，实施滑雪教学指导，帮助学员提高滑雪技能，体验滑雪乐趣。

（5）组织滑雪活动。滑雪指导员应积极为广大滑雪爱好者提供滑雪技能竞赛、滑雪专项竞技和群众滑雪活动等服务。

（6）提升专业素养。滑雪指导员应通过反复练习和实践，提升自身专业技能，完善教学方法和服务水平，保持对滑雪运动的热情和专业水准。

四、场地和器材规范

滑雪场所的安全运行离不开滑雪场内装备和器材的有力保障。规范滑雪场内的机械运输车辆等的使用是经营管理的需要；给滑雪者提供安全的滑雪器材和科学的使用指导，是滑雪场所必须具备的服务。

1. 滑雪场内机械运输车辆的安全规范

尽量在滑雪道关闭时运行或操作；运行时要有明显的警示声音、光及其他标识物；运行或停放时要有严密的安全措施，要非常认真地保护滑雪者的安全；机械运输车辆性能要完好，须有专人管理和驾驶。

2. 器材的安全规范

（1）滑雪器材供应人员，必须始终确保器材有较高的安全性。

（2）器材供应人员，应该用口头和书面形式说明器材的性能及安全、正确、简单、明了的使用方法。

（3）滑雪者在接受所提供的器材时，首先要确认器材的性能是否正常，如有不懂的地方应向器材供应人员咨询，理解正确的使用方法；滑雪者应该始终做到正确、安全地使用器材。

五、索道安全规则和规范

滑雪场所的索道是重要运输工具，是保证滑雪场正常运行的关键环节，索道管理者的安全规范是对每个滑雪者的人身安全负责；同时滑雪者也应该遵守索道的安全规则，共同来避免和减少在索道中事故的发生。

1. 索道管理者的安全规则

（1）索道管理员，应在监督部门和有关法令的指导下，认真执行本规则及滑雪场所的其他规定，努力保证索道的运输安全。

（2）索道管理员要进行严格的教育和培训，使其胜任此项工作并努力维护运输设备的正常运转。

（3）保护乘客，空中索道管理员要时刻做好紧急救护的准备工作，为预防发生事故采取有效措施，即配置专门急救人员，常备急救器材、搬运工具和相关资料等，努力防止或减轻乘客的伤害。

（4）空中索道管理员应在索道起点适当的位置，给没有乘坐经验的乘客提供帮助；提示乘客应注意衣物、携带品等不被机器卷入或从空中坠下；乘坐时，注意持滑雪杖的安全方法，不要把滑雪杖插入座椅的把手里面。

2. 空中索道乘客的安全规则

（1）乘客应该具有安全利用空中索道的能力，空中索道管理员要确认乘客有这种能力时才可让其乘坐，当陪同没有利用能力的乘客乘坐索道时，陪同人员对其负有安全责任。

（2）乘客在乘索道前，要认真阅读理解和利用空中索道的注意事项，不懂时应向工作人员咨询。没有乘坐索道经验或乘坐时精神紧张的人，应向工作人员提出，并服从工作人员的指示。

（3）乘客不要有妨碍空中索道正常运行的行为；要在规定的地点乘降索道；在乘坐索道时，禁止向下投掷空瓶、烟头或其他物品；禁止任何威胁自己和他人安全的行为。

（4）乘客要熟悉告示牌、提示板、标识含义。乘客应该认真注意并遵守告示牌、提示板及标识的内容，并听从工作人员的指示。

3. 乘坐魔毯的安全规则

（1）魔毯管理员应在魔毯的起终点监管遥控，在出现危险情况时能够及时断电和处理。

（2）魔毯管理员应对初学者给予提示和帮助，保证乘坐魔毯顺畅、安全。

（3）指导滑雪者正确上下魔毯，合理放置雪具。

（4）等候的人较多时，组织等候者有序排队上下魔毯。

（5）如遇到雪天等特殊天气，控制滑雪者在魔毯上的间距，并指导其正确摆放雪具或者采取正确的站立姿势等。

第二节 风险管控

单板滑雪指导员的职责是帮助滑雪爱好者在安全的前提下学习滑雪技术，享受单板滑雪运动的乐趣。因此，滑雪指导员有必要掌握基本安全常识，做好风险管控，将安全作为首要的出发点，规避运动中潜在的危险，时时提醒并保护学员，让学员在安全的环境中体验单板滑雪的乐趣。

一、必要文件

（一）合同

合同是一个具有约束性的文件。在滑雪场的管理流程中，滑雪学校属于一个独立的管理机构，滑雪学校为了确保管理的一致性和滑雪指导员的工作状态，必须制定一些合理的文件去约束滑雪指导员的行为，也就是说滑雪指导员要与滑雪学校签订合同，最后达到双方制约的效果。其次客户与客户之间、客户与滑雪指导员之间可能会存在一些纠纷，比如出现严重的撞伤事件时，双方当事人在合理的范围内签订相互制约的合同。

1. 合同的概念和特征

合同是平等主体的自然人、法人、其他组织之间设立、变更、终止民事权利义务关系的协议。

合同的法律特征如下所述：

（1）合同是两方以上当事人意思表示一致的民事法律行为。

（2）合同是以设立、变更、终止民事权利义务关系为目的的民事法律行为。

（3）合同是发生法律上效果的民事行为。

2. 合同的种类

依据不同的标准，可以将合同分为不同的种类：

（1）有名合同和无名合同。根据法律是否赋予特定名称，可将合同分为有名合同和无名合同。

有名合同，就是指法律上已经确定了一定的名称的合同。合同法中规定了15类有名合同，其他法律中也有相关规定。

无名合同，是指法律上尚未确定一定的名称的合同。例如当下比较流行的信用卡、加盟店、美容卡、婚庆协议等现代新型合同，是无名合同。

（2）双务合同和单务合同。根据给付义务是否由双方当事人互负为标准，可将合同分为双务合同和单务合同。

双务合同，是指当事人双方互负对待给付义务的合同。也就是说双方都有相应的权利义务，比如买卖合同。

单务合同，合同当事人仅有一方负担给付义务的合同。比如在赠予合同中，赠予人仅履行赠与的义务，受赠人仅享有接受赠予的权利。

（3）有偿合同与无偿合同。根据当事人一方从对方取得利益有无代价为标准，可将合同分为有偿合同与无偿合同。

有偿合同，是指当事人一方从对方取得利益需要支付对价的合同。比如买卖合同中，需要支付货款；租赁合同中，需要支付租金。这些都是有偿合同。

无偿合同，是指当事人一方从对方取得利益不需要支付对价的合同。比如赠予合同中，受赠予人只是取得赠予物。

（4）诺成合同和实践合同。根据合同成立是否以交付标的物为要件，可将合同分为诺成合同和实践合同。

诺成合同，是指当事人意思表示一致不需要交付标的物即告成立的合同。

实践合同，是指除当事人意思表示一致外，还需实际交付标的物才能成立的合同。

（5）要式合同与不要式合同。根据合同成立是否须具备特定的形式，可分为要式合同与不要式合同。

要式合同，是指法律规定应当采用特定形式的合同。比如房屋买卖合同，要求必须采用书面形式。

不要式合同，是指当事人订立合同依法不需要采用特定的形式。当事人可以采取口头形式，也可以采取书面形式。

（6）主合同与从合同。根据合同相互间的关系，可以将合同分为主合同与从合同。

主合同是指不需要其他合同的存在即可独立存在的合同。

从合同是指以其他合同的存在为存在前提的合同。比如，抵押贷款合同，其中借款合同是主合同，而抵押合同是从合同。

3. 合同的订立

合同订立需要经过要约和承诺两个阶段：

（1）要约。要约是希望和他人订立合同的意思表示。

要约需具备的条件：要约必须具有订立合同的意图；要约必须向要约人希望与之缔结合同的受要约人发出；要约的内容必须具体确定；要约必须送达受要约人。

要约与要约邀请的区别：要约邀请，是指希望他人向自己发出要约的表示。要约邀请只能唤起他人的要约，不可能导致他人承诺。也就是说要约邀请的结果是会导致别人向发出要约邀请的人发出要约。比如：寄送的价目表、拍卖公告、招标公告、招股说明书、商业广告等为要约邀请。

（2）承诺。承诺是指受要约人同意要约的意思表示。

承诺须具备以下条件才能成立：须是对要约作出的答复；须是受要约人向要约人发出；必须在要约的有效期限内作出；承诺的内容必须与要约的内容一致；须具备相应的形式。

承诺通知到达要约人时生效。承诺不需要通知的，根据交易习惯或者要约的要求作出承诺的行为时生效。

（3）合同的成立。

合同成立的条件为：两个以上的当事人；意思表示一致。

合同成立的时间：由承诺实际生效的时间决定。

合同成立的地点：承诺生效的地点为合同成立的地点。

当事人采用合同书形式订立合同的，双方当事人签字或者盖章的地点为合同成立的地点。而采用数据电文形式订立合同的，收件人的主营业地为合同成立的地点；没有主营业地的，其经常居住地为合同成立的地点。

4. 合同的解除

合同的解除，是指合同有效成立后，当解除的条件具备时，因当事人一方或双方的意思表示一致，使合同自始或仅向将来消灭的行为。合同解除分为约定解除和法定解除。

合同解除的条件：

（1）合同约定解除的条件。合同的约定解除是合同双方当事人约定解除原合同关系。约定解除主要有两种情形：一是当事人双方协商同意解除的；二是当事人在合同中约定合同解除条件，当条件成立时，解除权人可以解除合同。

（2）合同法定解除的条件。合同的法定解除是指当具备法定解除条件时，当事人一方依法解除合同。合同的法定解除条件有：因不可抗力致使不能实现合同目的；在履行期限届满前，当事人一方明确表示或者以自己的行为表示不履行主要债务；当事人一方迟延履行主要债务，经催告后在合理期限内仍未履行；当事人一方迟延履行债务或者有其他违约行为致使不能实现合同目的；法律规定的其他情形。

（二）规章

为保证滑雪者的安全，滑雪场所要全面、严格地贯彻《中国滑雪场所管理规范》。滑雪场应有切实可行的、健全的人身伤害保险、伤害预防救护及治安保卫、人员服务岗位等制度。滑雪者本人更应熟悉“滑雪行为规则”以及“滑雪场对滑雪者的提示”等规章，确保滑雪者的安全。

滑雪场所配备滑雪指导员的数量要充分保证实际需要，不得少于5人；滑雪指导员须持有国家颁发的有效资格证书才能上岗工作；滑雪指导员在教学过程中应本着安全第一的原则帮助学员正确使用滑雪器材和选择适合的滑雪线路；对学员超出自身水平范围的危险行为有警告和劝阻的义务；滑雪指导员在工作期间遇到意外伤害事故，对伤者有救护的义务。

（三）保险

滑雪前应确保所购买的保险涵盖滑雪运动中发生的意外，购买滑雪保险时要注意以下内容：

1. 购买滑雪票

滑雪者在购买雪票时，需要询问清楚门票中是否包含了保险费用，如果没有，则需要另外购置滑雪保险。滑雪时需要关注当天的天气情况和场地情况，确保滑雪安全。

2. 赔偿非全额

消费者们购买的滑雪保险中，无论被保险人受伤的责任在哪一方，都可以获得保险公司的赔偿，但理赔的保险金额并不是保险合同中的规定的金额上限，需要根据被保险人的情况而定。此外，如果有医药费用，有些药品可能不在保险赔付范围之内。

3. 医疗返送

滑雪的场地一般在比较偏远的山区，滑雪场医疗室或地方医院的医疗水平可能无法全面满足滑雪者伤病救治的需要，这就需要医疗返送。如果滑雪保险中有医疗返送，可以保证被保险人尽快得到妥善的治疗。

此外，消费者还要分清公共责任险和滑雪保险的区别。公众责任险主要承保被保险人在其经营的地域范围内从事生产、经营或其他活动时，因发生意外事故而造成的他人人身伤亡和财产损失。如果游客在滑雪过程中因为自身因素导致损伤，滑雪场没有赔偿责任，则游客无法获得保险赔偿。

二、评估风险

滑雪指导员在指导学员教学时，应该对教学场地的安全情况以及学员的技术能力进行准确评估，确保学员的技术水平与练习的场地匹配，保证教学过程的安全。

在进入难度较大的雪道滑行前，应先评估雪道的雪况和潜在危险，也需要认真地衡量学员对陡坡滑行的信心及能力。指导员要指出安全进入及离开雪道的位置，提醒学员注意潜在的危险。开始滑行前，指导员应该与学员商定他们的滑行线路，并告知学员遇到难题的临时解决办法，应告知学员选择安全的位置停止，并与其他滑雪者保持安全距离。

三、预判风险

保障学员的安全是滑雪指导员的第一要务。指导员应该对滑雪教学过程中的风险进行预判。滑雪场的不同滑雪区域，会有各种不同的风险存在。

（一）环境风险

确保学员的穿着足以御寒，检查学员是否有失温、寒冷的情况；确保学员涂抹防晒霜，佩戴滑雪镜，防止晒伤或雪盲；经常清点学员人数，设立一个学员聚集点，防止个别学员走散。

（二）初级道风险

单板滑雪在缓坡和平地区域容易卡刃，建议学员配备护腕和头盔等护具。

初级道人流量较大，学员通常无法很好地控制速度和方向，应该注意教学环境安全，降低碰撞的风险。

当初级道传动式索道上出现冰面时容易发生脱滑，乘坐时注意控制人员间距。

（三）中级道风险

注意使用索道的安全事项，强调要关注上下索道的安全提示。

中级道滑雪者的滑行速度相对较快，指导员需要提前做好预判，安全管理课堂秩序。

（四）高级道风险

高级雪道学员的滑行速度有进一步提升，预判的时间和距离更应有所提前。正确面对不同难度的地形，避免由于难度过高造成学员的损伤。

四、提示风险

滑雪指导员应在必要的时候向学员提示风险，滑雪场所本着保护滑雪者人身安全和指引滑雪者安全滑行的原则设置向导图、禁止标识、注意标识、危险物警示等。

（1）雪场导向图应标明索道、雪道、停车场、医疗救护、卫生间等的具体位置。

（2）在索道山下站明确乘坐须知、索道开放和关闭时间，以及设置“禁止摇晃”“放下护栏”“禁止吸烟”等提示标识。

（3）在索道山上站通往滑雪道的明显位置标注出滑雪道的级别、平均坡度、最大坡度及滑雪道的长度等详细情况，以便于滑雪者了解和把握。

（4）在滑雪道的起、终点及中途应根据实际情况设置“减速”“前方合流”“救助电话”等警示提示语。在禁止滑行的雪道的起点应有“雪道封闭”等提示或标示。

（5）在售票处或其他明显的地方张贴《滑雪者安全须知》《滑雪者行为准则》。

（6）滑雪场所应按照“规范”的要求统一标识。

（7）利用广播及时播报滑雪安全知识，积极倡导文明滑雪。

（8）室外滑雪场应提供当日天气预报。

五、防范风险

（一）正确指导

为了防范和降低滑雪风险，滑雪指导员应该确保教学内容的准确性和安全性，避免因教学疏忽导致学员受伤。指导员应该合理制定教学目标，切勿超过学员能力所及的范围。同时，在教学过程中也应严格遵循安全和循序渐进等教学原则。

1. 安全原则

为保证教学中的安全，滑雪指导员应指导滑雪者掌握和遵守“滑雪者行为准则”。

2. 循序渐进原则

（1）场地方面：遵循从平地练习到缓坡和陡坡的练习，从平整场地练习到起伏地形的练习，从短距离练习到长距离的练习的原则。

（2）技术方面：遵循从原地练习到滑行技术的练习，从单个动作练习到连续动作的练习，从适应练习到基础技术的练习的原则。

（3）速度方面：从慢速滑行练习过渡到中、高速的滑行练习。

（4）雪质方面：从浅雪滑行练习到深雪滑行的练习，从干燥雪滑行练习到湿雪滑行的练习，从粉雪和新雪的滑行练习到冰状雪的滑行练习。

（二）装备检查

单板滑雪的护具在教学过程中尤为重要，学员在学习过程中可能出现多次摔倒或其他安全隐患，在开展教学之前，滑雪指导员需要根据情况对学员的滑雪板、头盔、滑雪镜、手套、护具等装备进行检查，最大限度保证学员的安全，预防运动损伤的发生。

单板滑雪鞋的松紧度对技术的实施有直接影响。滑雪鞋太紧的话，影响滑行的舒适度；滑雪鞋太大或者太松不利于技术的发挥。指导员需要检查学员的鞋有没有贴合并穿紧，同时不能有挤脚的情况出现。

指导员还需要对学员的滑雪板硬度、长度等进行检查，应该根据学员的技术水平合理选择不同性能的滑雪板，一方面便于学员技术的学习，另一方面也能最大限度保证学员的安全。

滑雪指导员也应该对学员的固定器角度和间距进行检查，便于学员能够更舒服、更安全地享受单板滑雪。

（三）必要保护

单板滑雪教学过程中，如果学员在学习某一项技术时存在一定的安全隐患，为了保障教学安全，滑雪指导员可以对其实施必要的安全保护。例如：学员在学习横滑降时，指导员可以向学员提供伸手援助。

（四）控制原则

单板滑雪教学时，指导员应该根据学员的实际情况合理安排教学进度，通过加强安全教育，严密组织教学，在确保安全的情况下完成教学任务。积极的教学不等于冒险，切勿过分追求教学进度而忽略了学员的安全。滑雪指导员也应该遵循“控制”的教学原则：

（1）了解学员技术水平，选择适合的滑行坡度。

（2）控制好学员的滑行速度。

（3）控制好学员与他人的滑行距离。

（4）控制好学员的滑行线路。

六、紧急救助

为了能及时地抢救伤员，紧急救助的基本原则是在现场采取积极措施，保护伤员的生命，减轻伤情，减少痛苦；并根据伤情需要，迅速与医疗急救单位联系救治。急救成功的关键是行动快速、操作正确，任何拖延和操作错误都会导致伤员伤情加重。滑雪指导员应该根据现场实际情况和自己的能力妥善对待紧急救助。

七、解决问题

单板滑雪教学时，学员感到安全、有趣才有可能愿意持续学习。授课过程中指导员的安全意识尤为重要，在授课开始之前所有的安全顾虑都应该得到解决，指导员还要具备解决突发问题的能力。

八、法律手段

权益保护是在形成体育纠纷时，对当事人诠释自身利益的最大化体现，简而言之，权益保护就是在合理的范围内充分发挥自身利益。在滑雪场中，客户有属于自身的权益，滑雪指导员也有属于自身的权益，这些权益是在发生体育纠纷时，保护自身的利益不会受到侵害，同时在双方权益的驱使下，寻找合理的解决办法。

体育民事纠纷的当事人可以在互谅互让的基础上，通过和解、调解或仲裁等非讼程序解决纠纷，以达到既快速解决矛盾，又尽量避免伤和气的目的。即便是通过非讼程序仍无法解决，最终走上法庭进行了民事诉讼的程序，那么在合法和自愿的条件下，人民法院仍然可以对纠纷双方进行调解。如果纠纷双方接受调解，那么一般情况下双方都要作出一定的妥协和让步。当然，在调解不成时，人民法院应当及时做出裁判。

（一）和解

和解是指民事纠纷的当事人，就争议的问题自行协商并达成协议，从而消灭争议的行为。和解适用于民事纠纷性质的体育纠纷。

（二）调解

调解是在第三方主持下，以国家法律、法规、规章和政策以及社会主义公德为依据，对纠纷双方进行斡旋、劝说，促使他们互相谅解，进行协商，自愿达成协议，从而消除纠纷的活动。调解所要解决的纠纷也是属于民事性质的纠纷，可以通过民间调解的形式解决。

（三）诉讼

诉讼是指人民法院依照法律规定审理纠纷案件，从而解决一定范围内争议的活动。民事审判受理的体育纠纷主要包括意外伤害案件、合同纠纷、人身侵权、知识产权纠纷、劳动合同纠纷以及其他民事纠纷案件等。

（四）仲裁

仲裁是解决民事经济争议的一种方式，仲裁也是解决体育纠纷的常用方式。根据体育纠纷的不同性质，可以采用不同的仲裁方式来解决。

仲裁具有自愿性、专业性、灵活性、保密性、快捷性和独立性的特点。

涉及体育的仲裁主要有普通仲裁、劳动争议仲裁、体育仲裁三种类型。

第三节　损伤与急救

一、预防损伤

单板滑雪运动最常见的损伤一般来自跌倒或碰撞，一些罕见的意外也可导致受伤。头盔可以有效减少头部损伤，防护垫和护腕也可以降低受伤的风险。然而，从单板滑雪指导员的角度出发，防止受伤最有效的方法是让学员提前规避风险。

（一）安全常识

除了滑行，环境也可能对学员造成威胁。寒冷天气、强烈的日照等环境因素都有可能给学员带来伤害。所以，滑雪指导员必须特别注意以下几点。

阳光：紫外线会随海拔上升而增高，即使在阴天，也需要佩戴滑雪镜及涂抹防晒霜，防止晒伤和雪盲。

气温：在寒冷的天气滑雪，需要穿着适当的衣物以防冻伤。

补水：学员在穿着很多装备的低温环境下，可能过多流汗，需要适量补水。

滑雪属于高危险性体育运动之一，在滑雪过程中难免有受伤的可能，但在正确方法的引导下，可以将受伤的风险降到最低。重视和传播安全滑雪意识人人有责，有安全才有快乐。以下经验请牢记：从思想上正视滑雪运动的高风险性，一时的疏忽有可能导致非常严重的运动损伤。强化安全意识，滑雪者才会认真采取防范措施；初次接触滑雪运动，建议聘请专业指导员或者接受有足够滑雪经验的同伴的指导；滑雪佩戴头盔和必要的护具；无论滑雪水平高低，滑雪前必须进行热身；选择适合自己的雪场和雪道，合理降低风险。

单板滑雪损伤的致伤因素包含：滑雪者自身因素、滑雪场地因素、装备因素等。因此，提高安全意识，充分、认真地做好运动前的准备活动，避免在疲劳状态下或身体不适状态下运动是预防损伤的必要前提；全面评估场地状况，选择合适的装备等也是预防损伤的有效手段。此外，单板滑雪运动需要身体机能和滑雪技术的配合，参与者不仅需要良好的体能储备还需要有娴熟的滑行技术，同时还要有较好的平衡能力和灵活性，并且还需具有一定的专业知识等。

（二）常见损伤

单板滑雪运动常见损伤有擦伤、扭伤、挫伤、骨折、关节损伤、头部外伤、冻伤、肌肉痉挛，比例较大的是扭伤、擦伤和骨折。

擦伤是由于钝器机械力摩擦的作用，造成以表皮剥脱、翻卷为主要表现的损伤。滑雪者被滑雪板刃、固定器、雪杖尖等部分擦破皮肤或者是滑行中摔倒导致身体表皮擦伤时，应用干净的水清洗，以干净的纱布或敷料覆盖后尽快去医务室处理。

扭伤是指四肢关节或躯体部的软组织损伤，即闭合性软组织损伤之一，但无骨折、脱臼、皮肉破损等情况。在滑雪运动中较为常见于踝关节、膝关节、腕关节及腰部。扭伤多是外力作用下，关节发生超常范围的活动，或负重持重时姿势不当，或不慎跌倒、牵拉和过度扭转等原因，引起某一部位的皮肉筋脉受损，以致经络不通，经气运行受阻，瘀血壅滞局部而成。

挫伤是由钝性物体直接作用于人体软组织而发生的非开放性损伤。滑雪中滑雪板、雪杖磕碰到身体各部位造成挫伤。多集中在头部、关节、胸壁、骨盆部和腰部等部位。轻度挫伤一般为毛细血管溢血，细淋巴管流出的淋巴液积聚于肌肉和结缔组织之间，造成肿胀，疼痛明显。重度挫伤则可引起血肿，甚至休克。

骨折是指骨的结构完全或部分断裂。滑雪时比较多见，如摔倒、碰撞等剧烈撞击后身体遭受的伤害。运动损伤出现后，常依据损伤部位是否畸形、异常活动、骨擦音或骨擦感来确诊是否骨折。

关节由关节囊、关节面和关节腔构成。当关节遭遇外伤或暴力作用，会导致关节损伤，出现关节脱位和韧带损伤。疼痛、肿胀、青紫及功能障碍是关节损伤较普遍的症状。

头部外伤多由锐器或钝器致伤。裂口大小，深度不一，创缘整齐或不整齐，有时伴有皮肤挫伤或缺损，由于头皮血管丰富，血管破裂后不易自行闭合，即使伤口小出血也较严重，甚至因此发生休克。头部外伤后伤员可出现暂时或部分意识丧失，常常伴有面色苍白，皮肤湿冷，呼吸较浅，脉搏较快。当意识恢复后，伤员可能忘却或根本不知道发生的意外，但会感觉头痛、恶心、呕吐等不适。如果意识一直不能恢复，则应考虑脑部受伤或受压。

冻伤，机体暴露于低温环境所致的全身性或局部性急性冻结性损伤，多见于滑雪装备不齐备，服装不保暖，造成身体皮肤冻伤。多发生于末梢血循环较差的部位和暴露部位，如手足、鼻、耳郭、面颊等处。

肌肉抽搐或称阵挛性肌痉挛，滑雪时多发生于面部，以一侧面肌抽搐样收缩为特点。特发性病例多见，或为特发性面神经麻痹暂时或永久性后遗症。

（三）预防损伤

滑雪运动损伤的出现并不是必然的，通过合理的分析和科学的管理是可以有效地控制和减少其发生的，预防措施包括以下几个方面。

1. 做好准备工作

滑雪之前需要做好充足的准备工作。一是装备的准备：在准备滑雪之前，做好服装、器材和必需品准备，做到头上有头盔，眼睛戴滑雪镜，脸上有护脸，脖子上有脖套，全身穿滑雪服，手上戴手套，内外穿着适合滑雪。一些不适合运动的物品，如手表、首饰、钥匙、手机等物品，均不要带在身上。二是身心的准备：滑雪运动者在训练或比赛前进行充分的准备活动是非常重要的，滑雪运动的准备活动是全身性的，是运动前必不可少的部分，对于预防伤害，“预热”身体，润滑关节，启动中枢神经系统等都十分有利。因此，应该要求每个运动者在每次训练前必须做好充分的准备活动，以预防伤害事故。适宜的准备活动可预防运动损伤，可使肌肉的黏滞性降低；可提高肌肉的收缩性和舒张速度；可增强肌肉力量、韧带的弹性和伸展性；可促进内脏器官机能水平的提高。从而减少因肌肉剧烈收缩造成的运动损伤。针对滑雪运动者来说，准备活动可不穿滑雪板或穿滑雪板进行，时间应持续30分钟。准备活动主要是膝关节、髋关节、肩关节、腕关节及手指各关节的旋转及大、小腿肌肉的拉伸，使身体感到微微发热和微出汗为宜。三是充足的睡眠及能量补充：如果休息不好，睡眠不好，生理功能和运动能力就会相对下降。在这种情况下参加剧烈的运动，将会因肌肉力量转弱，反应迟钝，使身体造成损伤。另外，滑雪者带伤参加体育运动，不仅达不到锻炼效果，而且会加重病情，造成恶性循环。滑雪是一个体能消耗很大的项目，加上一直在室外，热量消耗得比较多，过了中午，气温就会明显下降，滑雪者会感觉非常冷，要准备些食物以及时补充能量，建议带些高能食品在身边。

2. 加强体能训练

在运动中如果技术动作的错误，违反了人体解剖结构的特点和各器官系统功能活动的规律以及运动生物力学原理，就容易引起组织损伤。如果运动量过于集中，身体局部的练习过于集中，超过了可能承受的生理负荷量，往往就容易发生运动损伤。由于滑雪自身的特点，滑行中的用刃可使膝关节受力过大，造成膝关节重力过大而产生疲劳，容易发生膝关节损伤。平时的运动训练中，应加强对关节周围肌肉、韧带的力量、弹性和柔韧性的练习，并加强四肢肌肉力量、韧带的力量、弹性和柔韧性等的训练，运动后注意放松休息，避免过度疲劳。

3. 提高安全意识

滑雪是一项高速运动的体育项目，滑雪者要事先了解滑雪道的状况。首次滑行的雪道应由熟悉者带领，以防滑行中出现意外情况。要根据自己的技术水平谨慎选择高难动作的练习，要循序渐进，按照由易到难的顺序进行。在滑行中如果对前方情况不明，或感觉滑雪器材有异常时，就应停下来检查，切勿冒险。另外需要掌握安全的摔倒方法，可有效地减少损伤。做技术动作时如果发生失控跌倒，不要随意挣扎，应迅速降低重心向后坐。举起手和双臂，屈身，任其向下滑动，要避免头朝下和翻滚。注意观察、了解滑雪路线，及时平整雪面。禁止在滑行中加塞、追逐。学习中不要超速滑行，切勿过于自信而盲目做出不适合自己能力的滑行动作。严防靠边停歇，休息时要停在雪道边上，要注意和避开从上边滑下来的人，重新进入雪道时也如此。

4. 加强设施建设

滑雪的安全和滑雪场的安全设施有着直接关系，滑雪场所的设施是进行安全滑雪的基本保障。滑雪道的安全网应按照规定设置，距离和高度都应该符合国家规定的标准，醒目并且能承受一定的外力冲撞，这样才能起到保护滑雪者安全的作用。雪道起始和中间岔路等位置必须设置明显的标识和注意事项，用以提醒和指引滑雪者，避免滑雪者误入危险的滑雪场地。要保证滑雪道的平整，适合滑行，避免出现过大的雪块和坑洼。滑雪乘坐的缆车和魔毯要定期检查和维修，防止运营的时候突然停止或不受控制，造成不必要的危险。根据实际的运力情况设定合理的承载人数，避免盲目地加大运力导致危险。安全救护更是不可少，随时安排救护人员待命，一有情况出现能及时进行救护，这也是对滑雪者的一项保障。

5. 完善经营管理

为了更充分安全地使用滑雪场，正常顺利地开展健身运动，满足消费者健身的需求，保障滑雪爱好者的人身安全，滑雪场应该对开放时间进行统一管理，严格按照规定进行，非开放时间禁止进入场内。还应做到如下要求：加强安全教育，增强安全意识；确立“安全第一”的思想，向每个滑雪健身者宣传滑雪安全卫生常识；对部分特殊人群禁止滑雪，如心脏病、恐高症、饮酒者等人群；设置安全标志及救生器材以及专门的医务室；遵守公共卫生，不准在雪中吐痰、吸烟等，杜绝不文明、不卫生的行为。

二、损伤处理

（一）开放性软组织损伤的处理

开放性软组织损伤是指受伤部位皮肤或黏膜破裂，伤口与外界相通，常有组织液渗出或有血液自创口流出。这类损伤的处理原则是及时止血和处理创口，预防感染，先止血然后再处理伤口。运动中常见的开放性软组织损伤有擦伤、撕裂伤和切割伤。

擦伤是皮肤受到外力摩擦所致，皮肤组织被擦破出血或有组织液渗出。创口较浅，面积小的擦伤，可用生理盐水洗净创口，创口周围用75%的酒精消毒，局部擦以红汞或紫药水，一般无须包扎，让其暴露在空气中待干即可，也可覆以无菌纱布。关节附近的擦伤，一般不用暴露疗法，因为干裂易影响关节运动，一旦发生感染，也易波及关节。因此，关节附近的擦伤经消毒处理后，多采用消炎软膏或多种抗菌软膏搽抹，并用无菌敷料覆盖包扎。创口中若有煤渣、细沙、泥土等异物，要用生理盐水冲洗干净，必要时可用已消毒的硬毛刷子将异物刷净，创口可用双氧水，创口周围用75%的酒精消毒，然后用凡士林纱条覆盖创口并包扎。若创口较深，污染较重时，应注射破伤风抗毒血清（T.A.T），并用抗生素治疗。

撕裂伤中，以头面部皮肤撕裂伤最为多见。若撕裂的创口较小，经消毒处理后，用黏膏或创可贴粘合即可。如果撕裂创口较大，则须止血并缝合创口。若伤情和污染较重或较深时，则应注射破伤风抗毒血清，并给以抗生素治疗。

滑雪运动偶有由雪具导致的切割伤，其处理方法基本与撕裂伤相同。

（二）闭合性软组织损伤的处理

闭合性软组织损伤是指局部皮肤或黏膜完整，无裂口与外界相通，损伤时的出血积聚在组织内。常见闭合性软组织损伤有：挫伤、肌肉肌腱拉伤、关节韧带扭伤、滑囊炎、肌腱腱鞘炎等。各种闭合性软组织损伤的病理过程和处理原则有相似之处。

1. 急性损伤

（1）早期。早期是指伤后24~48小时内。此期病理变化的主要特点是组织撕裂或断裂后出现血肿和水肿，发生反应性炎症。临床上表现为损伤处局部的红、肿、热、痛和功能障碍。因此，该期的处理原则是制动、止血、消肿、镇痛及减轻炎症。处理方法可根据具体情况选用一种或数种并用。

伤后应立刻予以冷敷、加压包扎并抬高伤肢，可以起到制动、止血、止痛、防止或减轻肿胀的作用。冷敷一般使用氯乙烷或冰袋，也可用冷水浸泡，然后用一定厚度的棉花或海绵置于伤部，立即用绷带稍加压力进行包扎。24小时后拆除包扎固定，根据伤情再做进一步处理。

外用药治疗常可达到消肿、止痛和减轻炎症的效果。此外，若伤后疼痛较剧烈可服用止痛剂。如局部红肿显著，可同时服用清热、活血、化瘀的中药。

（2）中期。中期是指损伤发生24~48小时以后。急性炎症已逐渐消退，但仍有瘀血和肿胀。因此，该期的处理原则主要是改善局部的血液和淋巴循环，促进组织的新陈代谢，加速瘀血和渗出液的吸收及坏死组织的清除，促进再生修复，防止粘连形成。处理方法有理疗、按摩、针灸、痛点药物注射，外贴或外敷活血、化瘀、生新的中草药等，可以同时选用几种方法进行综合治疗。热疗和按摩在此期的治疗中极为重要，按摩手法应从轻到重，从损伤周围到损伤局部，损伤局部的前几次按摩必须较轻以防发生骨化性肌炎。

（3）后期。后期肿胀和疼痛已经消失，但功能尚未完全恢复，锻炼时仍感到微痛、酸胀和无力，个别严重者出现伤部僵硬或运动功能受限等。因此，该时期的处理原则是恢复和增强肌肉、关节的功能。若有瘢痕和粘连应设法软化或分离，以促进功能的恢复。治疗方法以按摩、理疗和功能锻炼为主，配合支持带固定及中草药的熏洗等。

倘若损伤较轻，病程短，可把中、后期的治疗方法合并使用，把活血生新和功能恢复结合起来。

2. 慢性损伤

主要是改善伤部的血液循环，促进组织的新陈代谢，合理地安排局部的负担量。治疗方法与急性损伤的中、后期大致相同，应将功能康复锻炼和治疗紧密地结合起来。

（三）冻伤

冻伤又称冷伤，是低温引起的人体损伤。除了外界气温过低外，还与潮湿，风大，鞋袜过紧，局部和全身抵抗力降低，局部静止不动或少动等因素有关。运动性冻伤是当外界温度过低时，由于身体内支配和控制体温的中枢功能降低，导致体温调节障碍，继而引起的局部冻伤。冻伤常见的处理方法：

1. 急救和复温

迅速使病人脱离低温环境和冰冻物体。衣服、鞋袜连同肢体冻结者，切记不要勉强脱卸，应用温水（40℃左右）使冰冻融化后脱下或剪开。然后立即实行局部或全身复温，适宜温度为38℃~42℃。温度过高可能造成更严重的损伤。复温治疗开始后，可把受冻伤的肢体放在温水中浸泡或浸浴全身，水量要足够，水温要比较稳定，局部20分钟，全身30分钟，温水浸泡至指（趾）端转红润，皮温达36℃左右为度。浸泡过久会增加组织代谢，反而不利于恢复。浸泡时可轻轻按摩未损伤部分，帮助改善血循环。每天可进行2次复温。复温后，局部可涂冻疮膏，并注意患部保暖和清洁，避免搔破。如病人觉疼痛，可用镇痛剂。及时复温能减轻局部冻伤和有利于全身冻伤复苏。

轻度面部冻伤，可通过保温逐渐恢复。但面部保温时会发生疼痛。冻伤禁用火烤或热水烫，也不要用雪水擦，直接摩擦受冻组织是禁忌的，因为可造成表皮的损伤。

2. 局部治疗

一度冻伤创面保持清洁干燥，数日后可治愈。二度冻伤经复温消毒后，创面干燥者可用软干纱布包扎，小水泡不要弄破；较大的水泡将液体吸出后用于软纱布包扎，或涂冻伤膏后暴露；创面已感染者，先用抗菌药湿纱布，然后用冻疮膏。三度冻伤，如耳部软骨受冻后可发生干性坏疽和腐烂，肢体冻伤，尤其是手脚冻伤严重时可使指（趾）端脱落。更严重的冻伤应及时送医院治疗。

（四）雪盲

雪盲是紫外线对眼角膜和结膜上皮造成损害引起的炎症。特点是眼睑红肿，结膜充血水肿，有剧烈的异物感和疼痛，症状有怕光、流泪和睁不开眼。发病期间会有视物模糊的情况，这是由紫外线对眼角膜和结膜上皮造成损害引起的。冻伤的常见处理方法：

（1）止痛：局部用麻醉剂，涂眼药膏。目的在于缓和症状。

（2）眼睛保护（防止持续或再度损伤）：发病后必须即刻戴上护目镜。

（3）摘除隐形眼镜：减少角膜刺激和感染的机会。

（4）用消毒的棉布敷盖在眼睛上。

上述治疗措施必须持续24~48小时，直至眼部刺激症状完全消失。也可以用药水清洗眼睛，到黑暗处或以眼罩蒙住眼睛，用冷毛巾冰镇。减少用眼，尽量休息。不要热敷，高温会加剧疼痛。

（五）户外低体温症

低体温症（也称低温症，失温症）是指人体体温降到正常新陈代谢和生理机能所需温度以下的症状。人体的体温是恒定的，其内在温度维持在37℃左右，也就是所谓核心温度，位于人体的内部中心，其外围就是体壁与皮肤。核心体温通常通过体内平衡被维持在一个恒定的水平上。下丘脑体温生理调节发生障碍；患有营养不良、慢性消耗病、甲状腺功能减退、肺炎、心力衰竭等病的老人；因患疾病口服冬眠宁、安定、甲基多巴、阿米替林等药物抑制大脑体温调节中枢，抑制血管收缩，干扰能量代谢过程；外部原因引起功能性失温等等；以上原因都会引发低体温症。本文中所称的“户外低体温症”特指当身体暴露在寒冷的环境中时，身体内部机制无法再补充散失在环境中的热量，导致核心体温小于35℃所引发的一系列症状。常见急救处理方法如下。

（1）脱险。将患者搬离寒冷的地方。防止其他可能的热量损失，避免继续受冷和风吹。

（2）干燥。保持干燥才能保命，脱下湿的衣物换上干燥的，遮挡患者的头部，戴帽，尽量不要过多移动患者。

（3）隔离。将患者与寒冷的地面隔离开，令患者仰卧于毯子或其他温暖的表面上。

（4）检测呼吸。当发生严重低体温症时，患者会不省人事，无明显的脉搏和呼吸。如果患者出现呼吸停止，或只有危险的很浅的呼吸，应准备做长时间的人工呼吸。但是，对于严重的低温症病人来说，胸部按压或者任何其他的粗暴处理，都应转化为缓慢的、低速的心脏按摩。在开始进行心脏复苏术后，观察病人的身体的动静或者呼吸，感受颈部的脉搏（在脖子气管的边上）满一分钟。

（5）复温。

① 分享体温。脱衣，躺卧，与患者紧密接触以温暖患者的身体，同时两人皆盖上被子。一旦颤抖停止，病人就丧失了自己产生热量的能力，所以简单地把病人放入一个冷睡袋里并没有帮助。病人需要一个温和的热量来源，比如烤火（病情严重时应先提升身体核心温度），或另一个人的身体，或通过嘴对嘴的人工呼吸暖和病人的肺等。

② 提供暖饮。如果患者尚有知觉并可吞咽，要及时喝高能量热饮，让身体暖和起来，加速全身血液循环。

③ 热敷袋。把热敷袋放到病人的脖子、腋窝、两侧、胸部和腹股沟。当用加温装置使严重低温症病人复温时，需要警惕几种情况。一种是体温后降，因为身体被

加温后，肢体的冷血会回到身体核心部位，造成核心部位体温降低1℃~2℃。另一种是酸毒症，因为低温下肢体细胞新陈代谢放慢而产生的酸性废物，会回到心脏，可能会导致复温休克。体温后降和酸毒症都可能引起心脏骤停。

（六）肌肉痉挛

肌肉痉挛俗称抽筋，即痉挛的肌肉僵硬，疼痛难忍，痉挛肌肉所涉及的关节伸屈功能有一定的障碍。常见急救与处理方法：不太严重的肌肉痉挛，只要以相反的方向牵引痉挛的肌肉，一般都使其缓解。牵引时切忌用暴力，用力宜均匀、缓慢，以免造成肌肉拉伤。在处理过程中要注意保暖。

三、雪上急救

雪上急救是指对意外或突然发生的伤病事故进行紧急的临时性处理，其目的是保护伤员的生命安全，避免再度损伤，防止伤口感染，减轻痛苦，预防并发症，并为伤病员的转运和进一步治疗创造条件。现场的急救工作内容包括：

（一）初步诊断

1. 收集病史

首先扼要了解伤情，迅速加以分析，确定损伤性质：部位、范围，以便进一步重点检查。询问的内容包括：受伤经过、受伤时间、受伤原因、受伤动作、伤员的自我感觉等。

2. 就地检查

包括全身状况观察和局部检查。检查要点如下：有无呼吸道阻塞、呼吸困难、紫痰、异常呼吸等现象；有无休克，检查时若发现呼吸急促，脉搏细弱，血压下降，面色苍白，四肢发凉出汗，提示有休克发生，应先抢救；有无伤口、外出血及内出血；有无颅脑损伤，凡神志不清的伤者，出现瞳孔改变，耳鼻道出血，眼结膜淤血以及神经系统症状者，应疑有颅脑损伤；有无胸腹部损伤；有无脊髓周围神经损伤及肢体瘫痪等；有无肢体肿胀，疼痛，畸形及功能丧失等，以确定骨与关节损伤。

（二）初步急救处理

根据以上检查结果作出诊断后，应迅速按不同情况进行初步急救处理。

1. 关节脱位的急救

脱位按脱位程度来分，分为半脱位和全脱位。按脱位后的时间来分，分为新鲜脱位和陈旧性脱位（指脱位超过三周以上者）。关节脱位多为暴力作用所致，以肩、肘、手指关节最易发生脱位。

关节脱位后的治疗以手法复位为主，时间越早，复位越容易，效果越好，所以应将患者受伤的关节进行妥善固定后，迅速就医。

（1）肩关节脱位。肩关节脱位后将患肢肘关节呈90°固定，用三角巾悬吊于胸前，送往医院，医生将患者已脱出的肩关节头回纳到原来的关节窝里。复位后肩关节须固定，单纯肩关节脱位用臂吊带将患肢固定于胸前（图4-3-1）；如患者关节囊破损明显，或肩周肌肉被撕裂，应将患肢手掌搭在对侧肩部，肘部贴近胸壁，用绷带固定在胸壁。一般固定3周。

（2）肘关节脱位。发生肘关节脱位时，不要强行将处于半伸位的伤肢拉直，以免引起更大的损伤。用绷带或三角巾将伤员的伤肢呈半屈曲位（肘关节135°左右）固定后（图4-3-2），再悬吊固定在前胸部，送往医院接受治疗。

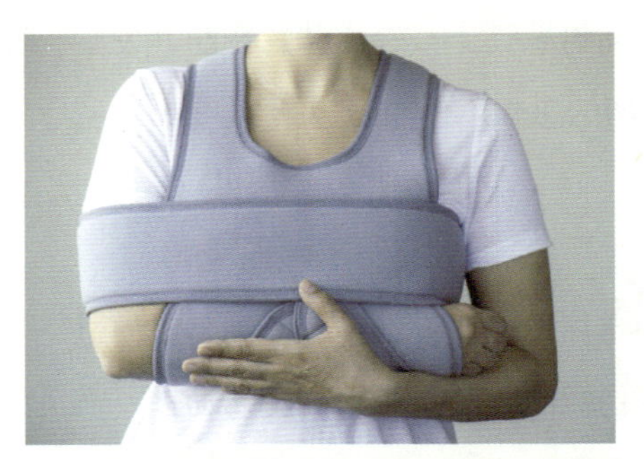

图4-3-1　肩关节固定

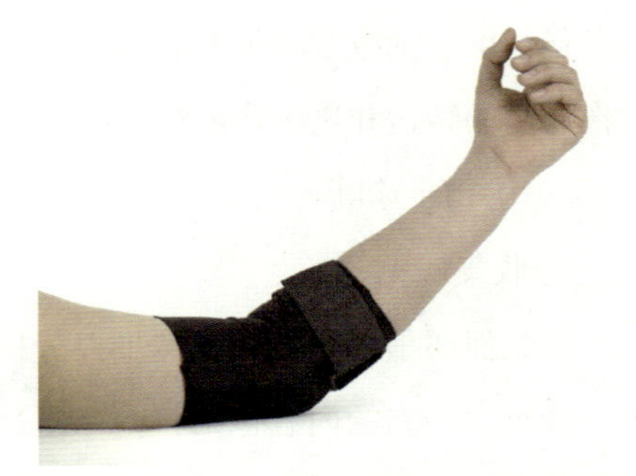

图4-3-2　肘关节固定

2. 骨折的急救

骨的完整性或连续性受到破坏，称骨折。以疼痛、肿胀、青紫、功能障碍、畸形及骨擦音等为主要表现的疾病。

发生骨折后，应立刻进行固定，其目的是止痛、制动、减轻伤员痛苦，防止伤情加重，防止休克，保护伤口，防止感染，便于运送。骨折固定应先止血，后包扎，再固定；夹板长短与肢体长短相称，骨折突出部位要加垫；先扎骨折上下两端，后固定两关节；固定四肢后要露出指（趾），迅速送医院。

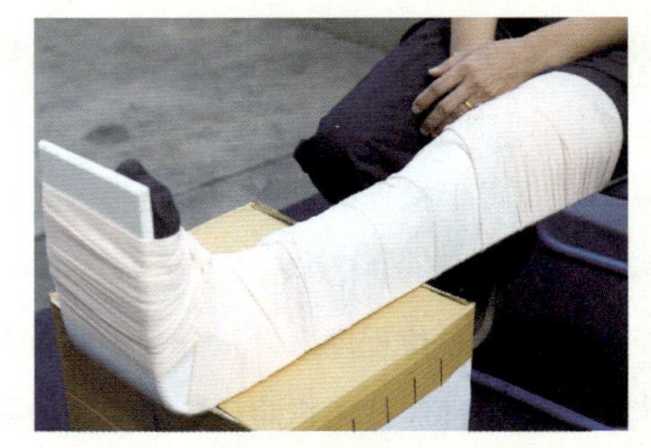

图4-3-3　骨折的固定

骨折固定常用木制、铁制、塑料制夹板（图4-3-3），临时夹板可用木板、木棒、树枝、竹竿等制成。如果现场无临时夹板，可固定于伤者躯干或健肢上。

3. 出血的急救

出血指血液从血管或心脏流至组织间隙、体腔内或体外的现象。当人体受伤发生出血时，要视出血的情形采取相应的止血方法。常见的止血方法：

（1）冷敷法。冷敷可降低组织温度，使血管收缩，减少局部充血，从而达到止血的作用（图4-3-4）。冷敷与加压包扎和抬高伤肢同时应用，效果更佳。

① 作用：有止血、止痛、防肿的作用。

② 使用范围：急性闭合性软组织损伤，伤后立即施用。

③ 方法：用冷水或冰袋敷于患部。

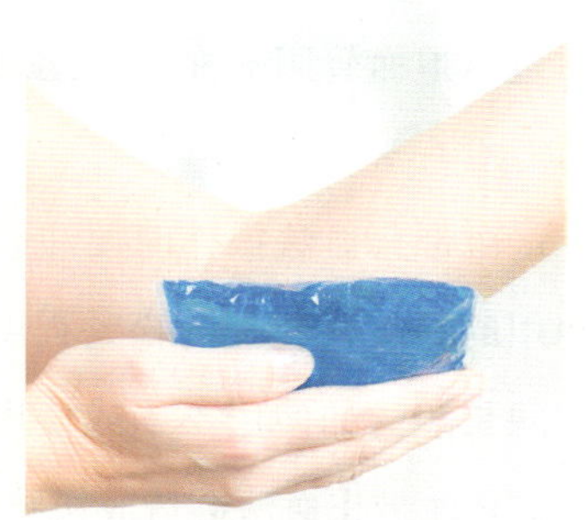

图4-3-4 冷敷

（2）抬高伤肢法。抬高伤肢法常和绷带加压包扎并用，对小血管出血有效。但对较大血管出血，它只能作为一种辅助性止血方法使用，常用于四肢出血。

① 作用：抬高伤肢，使出血部位血压降低，血流量减少，达到减少出血的目的。

② 使用范围：四肢小静脉或毛细血管的出血。

③ 方法：将患肢抬高于心平面15°～20°左右。

（3）加压包扎止血法：用绷带加压包扎伤口止血。

① 作用：加压包扎能迫使伤口及伤口处的血管闭合，使伤口处的血液循环减缓，使出血处有足够的时间完成凝血。

② 使用范围：小动脉、小静脉或毛细血管的出血。

③ 方法：用无菌敷料（如消毒纱布、干净的毛巾等）覆盖患部，再用绷带稍加压力包扎起来（图4-3-5）。包扎不要过紧或过松，过紧会引起血液循环不良，过松则不能有效止血。绷带不要在伤口上打结，以免压迫伤口引起疼痛；也不要在身体背后打结，易产生不适感。

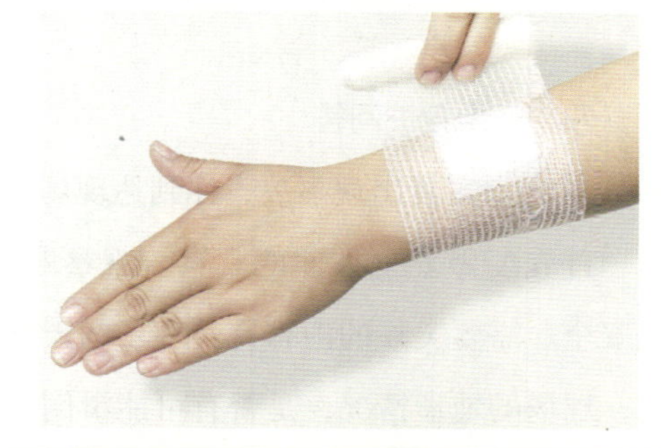

图4-3-5 加压包扎

（4）加垫屈肢止血法。

① 作用：与加压包扎止血法相同。

② 使用范围：前臂、手、小腿的小血管的出血。

③ 方法：将棉垫或绷带卷放于肘窝或膝关节窝，屈曲前臂或小腿进行包扎。

（5）直接指压止血法：用手指指腹直接压迫出血动脉的近心端或出血静脉的远心端进行止血。

（6）间接指压止血法：较大的动脉出血后，用拇指指腹压住出血的血管上方（近心端），使血管被压闭住，中断血液。

（7）止血带止血法：是用于四肢大出血急救时简单有效的止血方法，它通过压迫血管阻断血行来达到止血目的（图4-3-6）。

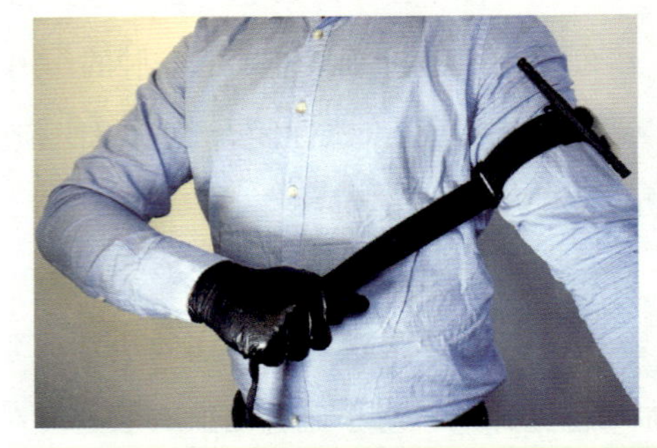

图4-3-6　止血带止血

止血带止血法操作时要注意止血带使用的材料，包扎的松紧程度，使用时间长短。如使用不当或使用时间过长，止血带止血法会造成伤肢血液循环不良，引起远端肢体缺血、坏死，甚至造成残疾。只有在出血猛烈并且用其他方法不能止血时，才能应用止血带止血法。伤口用止血带紧紧包扎后，松紧度的要求是包扎后止血有效，且远心端有动脉的搏动。

止血带绑扎位置在伤口上方（近心端），尽量靠近伤口，扎止血带部位用环形宽布垫保护皮肤，将伤口扎紧，把血管压瘪即可止血。如果制止了流血现象，就不用扎得太紧。同时写明止血的时间，随身携带止血带。及时将伤者送往医院，每隔半小时至1小时慢慢松解一次，每次松解1至2分钟。

上肢大动脉出血应结扎在上臂的上1/3处，下肢大动脉出血应结扎在大腿上中部。上臂的中1/3以下部位不能结扎止血带，以免损伤桡神经。小腿和前臂不能上止血带，因该处都有两根骨头，血管正好走在两骨之间，上止血带起不到压迫血管的作用。

四、安全救护问答

1. 当滑雪者出现事故，你到达现场时需要关注哪些要素？

首先要做安全方面的观察。观察顺序是：施救人安全，现场其他人安全，伤患安全。需要关注的内容有：现场的天气状况，晴天还是阴天，风力如何，是否下雪；现场的地形情况，是否有可能滑倒、滑落，是否有其他易坠物；现场人员的状况，是否人员混杂密集，是否为通道人流交汇处。

2. 当发生滑雪事故向救援队呼救时，需要提供哪些必要信息?

提供的信息包括主要包括：事故发生的精确位置，伤者的数量和严重程度，施救者的人数，有何急救物资，需要什么物资，例如担架、急救包等。

3. 毛细血管出血、静脉出血和动脉出血的区别。

出血包括毛细血管出血、静脉出血和动脉出血三种形式：毛细血管出血面积可能比较大，但出血很慢且少，较易止血；静脉出血速度相对较慢且颜色暗；动脉出血速度快且颜色鲜艳。

4. 如果能够清楚地看到出血位置，伤口缓慢且持续地渗出血液，现场有一副滑雪手套和一块头巾，这时该如何操作?

可以戴上滑雪手套，用较大的力气将头巾按在伤口上，通过按压止血，数分钟内不要移开，尽快寻求医生的支援。

5. 如果腿部骨折且断端刺出了皮肉外并快速出血，这时该如何止血?

这时可以使用自制的止血带或制式止血带进行止血，结扎位置在伤口的近心端5厘米，如果遇到关节部位则结扎位置上移，效果以停止出血为准，记录使用止血带的时间。自制止血带宽度要大于2.5厘米。

6. 一名男子在雪场餐厅因气道异物导致无法呼吸，这时该如何施救?

使用腹部快速冲击的方法实施救助：站在伤患背后，使伤患身体向前倾。双手环绕在伤患腹部肚脐上剑突下的部分，快速向颈后部冲击。如未起效果，伤患很快会失去意识。这时应该尽快开始心肺复苏，做30次胸外按压，然后检查患者呼吸道，移除任何可见的阻塞物。

7. 滑雪者在阴天滑雪时没有佩戴雪镜，但慢慢发觉眼睛疼痛，该怎么处理?

虽然阴天光线不足，但由于雪的反射作用，还是有过强的光照入眼底，发觉眼痛实际上是一种光灼伤现象，严重的可能造成雪盲。这时可以让滑雪者在路边休息，用围巾或衣物遮盖双眼，保持黑暗。

8. 滑雪者意外摔倒后手腕疼痛，但手指正常，无明显形变，这时该如何处理?

可采用PRICE原则：保护、制动、冷敷、加压、抬高。

P：早期的上肢保护主要是制动，可减少流入损伤部位的血液，有效减轻疼痛和组织出血。

R：受伤后应立即停止运动，制动，休息，防止重复损伤和加重损伤。

I：要马上冰敷。冰敷在运动损伤的初期非常关键。同时避免冰直接接触皮肤，防止冻伤。

C：加压包扎。冰敷过后患处要及时加压包扎，控制伤部运动，避免重复受伤动作，减少出血和渗出。

E：抬高患部，也是要达到减少出血和渗出的目的。

9. 滑雪者摔倒后，皮肤表面损伤，出现轻微渗血，不太干净。该如何处理？

首先用干净的水清洗，再以干净的纱布或敷料覆盖，然后尽快就医。

10. 滑雪者摔倒后，肩和手臂疼痛，不能活动，疑似脱臼。该如何处理？

用三角巾或其他可以取得的衣物等将伤患的手臂以舒适的姿势固定，不要尝试进行复位，尽快送医。

11. 滑雪者在雪具大厅摔倒，全身僵硬、抽搐，目光呆滞。该如何施救？

帮患者清理身体周围的物品，特别是头部周围。如有需要，可在患者头下垫些许衣物。如患者戴眼镜可以帮其摘掉；然后观察并等待患者恢复。不要尝试控制其身体，不要向其口中放入任何东西，不要将手伸入其口中。如果是第一次发病，建议一定要去医院检查。

12. 滑雪教学时，你的学生被其他滑雪者从后方撞到。该如何处理？

规范的处理流程是：建立事故现场隔离安全区域—电话或无线电报告雪场巡逻队和急救部门—事故的评估。

评估过程如下：

（1）首先进行事故现场的评估。

① 自身安全，伤者安全，他人安全，环境安全。

② 受伤人数，参与救援人数。

③ 受伤情况，外伤还是内伤。

（2）然后进行重要的评估，实施生命体征检查。

① 是否有危及生命的大出血情况。

② 呼吸道是否通畅，呼吸是否正常。

③ 意识是否清晰，脊柱是否有损伤。

（3）最后进行次要的评估。

① 进行身体检查：包括皮肤的完整性，躯干及肢体有无畸形红肿压痛，体温等。

② 询问：症状、过敏史、是否使用过药物和酒精、病史、上一次的摄入情况和排泄情况，获取此次事故的信息。

（4）等待急救人员到达现场前，隔一段时间对患者做一个生命体征状态评估，同时注意确保安全。

（5）待雪场急救人员到位，进行信息交接。

（6）联络伤者的关系人，将其雪具和随身物品进行交接。

五、心肺复苏和自动体外除颤

对呼吸、心搏骤停者给予人工呼吸和胸外按压的急救，简称心肺复苏术（cardiopulmonary resuscitation，CPR）；自动体外除颤（automatic external defibrillation，AED）是对有除颤指征的被救者进行自动体外电击除颤的操作。（图4-3-7）

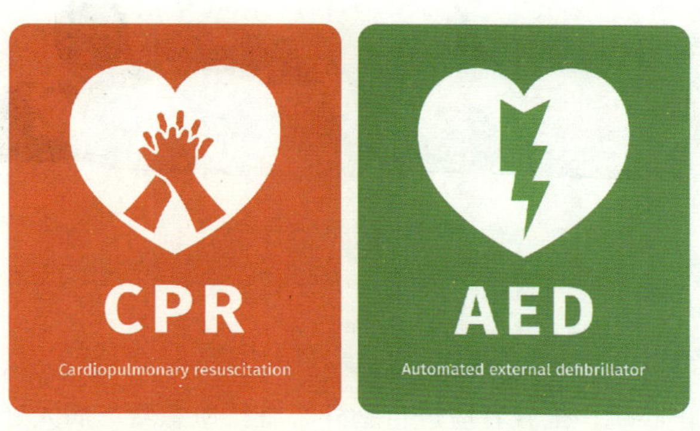

图4-3-7 心肺复苏和自动体外除颤

CPR是针对呼吸心跳停止的急症危重病人可采取的抢救关键措施，即心脏胸外按压形成暂时的人工循环并恢复自主搏动，采用人工呼吸代替自主呼吸，快速电除颤转复心室颤动，以及尽早使用血管活性药物来重新恢复自主循环的急救技术。

心肺复苏的目的是重建呼吸和循环。在一般情况下，心搏骤停4分钟以内，即脑组织缺氧4分钟之内，有可能恢复其原有功能，因此心搏骤停后必须立即进行心肺复苏。心搏骤停4~6分钟会造成患者脑部和其他人体重要器官组织不可逆的损害，这时做心肺复苏，救活的概率为10%；心搏骤停超过6分钟做心肺复苏，存活率仅为4%。所以急救必须及时、迅速；复苏开始越早，存活率越高。

急救主要方法是胸外心脏按压和口对口人工呼吸。

（一）心肺复苏操作程序

1. 心搏骤停的识别

（1）首先，环顾周围，确定环境安全。

（2）判断伤者有无意识。拍打双肩并大声呼唤；如果伤者有反应，那么继续照看并根据情况处理；如果伤者无反应，应马上呼救，向周围人寻求协助，拨打急救电话120并寻找急救器材（AED）。

（3）判断呼吸。观察伤者胸部起伏5~10秒，数秒方法为“1001”“1002”“1003”……（图4-3-8）；如果有呼吸，则保持姿势并等待救援；如果无呼吸，应立刻开始心肺复苏。

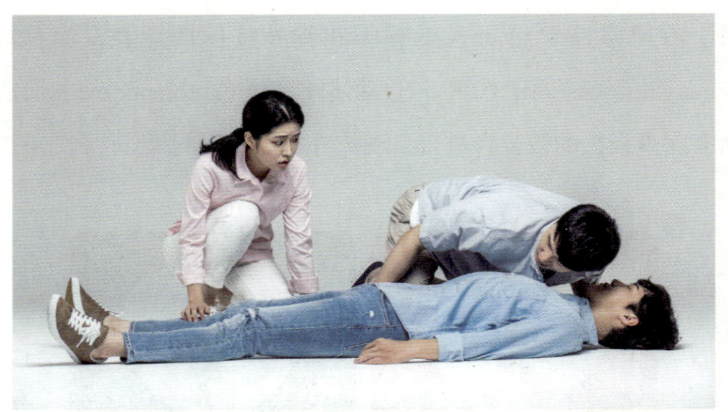

图4-3-8 心搏骤停的识别

2. 胸外心脏按压

如果患者停止心跳，抢救者应进行胸外心脏按压急救。病人处于仰卧位，硬板床或平地上，以确保按压时病人不摇动。急救者跪于伤员一侧；掌根按胸骨下半段，两乳头连线和胸骨交叉点（图4-3-9）；双手交叉，十指相扣，双肘关节伸直，掌根按压；以髋关节为轴，以身体重量垂直下压；按压频率100~120次/分；按压深度5~6厘米；要使胸廓充分回弹，掌根不离开胸部。

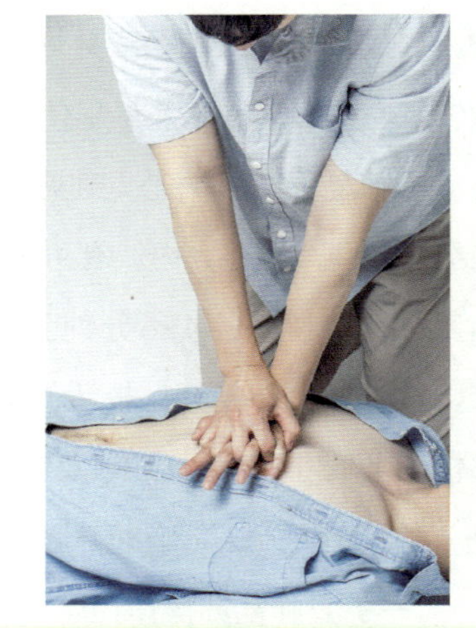

图4-3-9 胸外心脏按压

在按压间歇期内，务必使胸部不受压力。儿童胸廓按压深度4~5厘米，频率至少100次/分，但不超过120次/分。

3. 开放气道

病人仰卧，松开患者颈、胸部和腰部衣扣、皮带，使呼吸不至于受阻。第一次开放气道时先检查口腔是否有异物，如有则移除；一只手掌放在前额，另一只手手指放在下颌的骨性部位，使头部后仰并抬起下颌角度正确，保持其呼吸道通畅（图4-3-10）。

4. 口对口人工呼吸

人工呼吸就是用人为的力量来帮助伤员进行呼吸，最后使其恢复自主呼吸的一种急救方法。

救护者站（跪）在伤患一侧，使用呼吸面膜或面罩覆盖伤患口部，在保持气道开放的状态下，用拇指和食指捏住伤患的鼻子（使用面罩则需要按紧面罩使其和面部吻合不漏气）；正常吸一口气，用嘴将伤患的嘴封住，给予人工呼吸（吹气1秒）2次（图4-3-11）；每次吹气时观察伤患胸部有无隆起，如胸部未隆起则将头部回到正常状态重新开放气道，重新吹气，如仍未隆起，立刻继续按压；按压中断的时间不超过10秒。

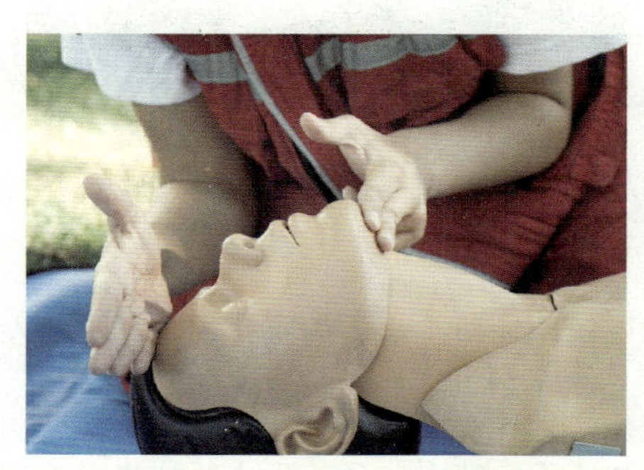
图4-3-10　压额提颌

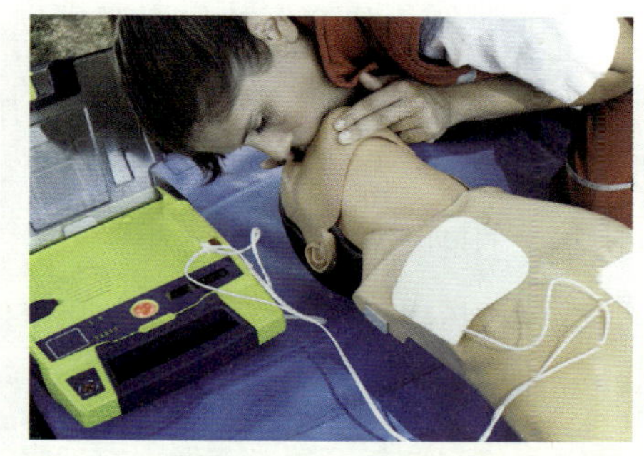
图4-3-11　口对口人工呼吸

5. 单人心肺复苏与双人心肺复苏

（1）单人心肺复苏。救护者先做心脏胸外按压，再完成口对口的人工呼吸。心脏胸外按压与口对口人工呼吸的比例为30∶2，即做30次胸外按压，再做2次人工呼吸。持续5个周期的30∶2的心肺复苏（约2分钟）之后，再次检查患者反应和呼吸。如患者仍无反应或呼吸，应重复以上步骤，继续对患者进行心肺复苏抢救，直到医务人员到来或患者恢复。

（2）双人心肺复苏。两位救护者各在一边，先做心脏胸外按压，再进行口对口人工呼吸。心脏胸外按压与口对口人工呼吸的比例分别为30∶2。持续5个周期30∶2的心肺复苏之后，再次检查患者反应和呼吸。如患者仍无反应或呼吸，应重复以上步骤，继续对患者进行心肺复苏抢救，直到医务人员到来或患者恢复。

6. 心肺复苏注意事项

（1）注意环境安全，救护人员进入事故现场。首先应该确认现场是否安全，例如受伤现场是否还有其他运动员，伤者是否有出血或分泌物等。

（2）口对口吹气和胸外心脏按压应同时进行，严格按吹气和按压的比例操作，吹气和按压的次数过多和过少均会影响复苏的成败。

（3）做人工呼吸前，为防止疾病传染，可用呼吸面膜或面罩在病人嘴上进行隔离。婴幼儿口鼻比较接近，最好将婴幼儿口鼻一起包含进行人工呼吸。

（4）口对口人工呼吸时吹气量是成年人深呼吸正常量，胸廓稍起伏即可。吹气时间不宜过长，过长会引起急性胃扩张、胃胀气和呕吐。吹气过程要注意观察伤者气道是否通畅，胸廓是否微微隆起（图4-3-12）。

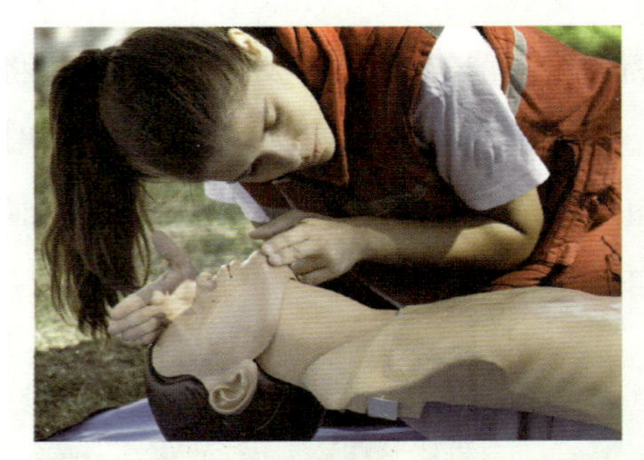
图4-3-12　吹气过程注意观察伤者

（5）胸外心脏按压的位置必须准确。不准确容易损伤其他脏器。按压的力度要适宜，过大过猛容易使胸骨骨折，引起气胸、血胸；按压的力度过轻，胸腔压力小，不足以推动血液循环。

（6）按压姿势为双臂伸直，使用身体的重量均匀地按压。按压有规律，不要左右摇摆或冲击式按压。

（7）施行急救，须一直做到有呼吸、有脉搏或后续支持到达为止。如患者意识已清醒，采取侧卧休息姿势，等待后续支持到达或送医治疗。

（二）自动体外除颤

施救者在不断实施CPR的同时，应尽快就近获取AED进行心脏除颤。室颤是成人心搏骤停最初发生的较常见病情，如马拉松运动中运动者突然失去知觉。电击除颤是终止心室颤动的最有效方法，如果能在意识丧失的3~5分钟内立即实施CPR及除颤，存活率是最高的。目前国内很多人流较大的公共场所都配有电脑语音提示指导操作的自动体外除颤仪（Automatic External Defibrillator，AED），这大大方便了突发状况的急救操作，为抢救赢得了宝贵的时间（图4-3-13）。

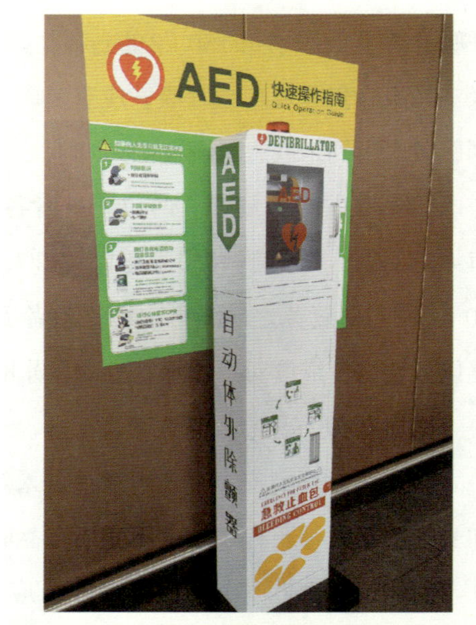

图4-3-13　自动体外除颤仪

AED操作简便，只要“听它说，跟它做”就行，即按照AED的语音和屏幕提示来操作。

1. 开

把AED放在患者左侧，按下电源开关或掀开显示器盖子，仪器会发出语音来指导后面操作。

2. 贴

电极片贴在患者胸部，一个放在右上胸壁（锁骨下方）。一个放在左乳头外侧，上缘距腋窝7cm左右（图4-3-14）。若患者出汗较多，应事先用毛巾擦干皮肤。

3. 插

将电极片插头插入AED主机插孔，开始分析心率，需5~15秒。这时要确保周围人员不与患者接触，避免影响仪器分析心率。

4. 电

如果建议除颤，确保无人接触患者，按下电击键（图4-3-15）。一次除颤后，应立刻继续心肺复苏，尽可能减少CPR中断时间，继续CPR施救2分钟后，AED再次自动分析心率。

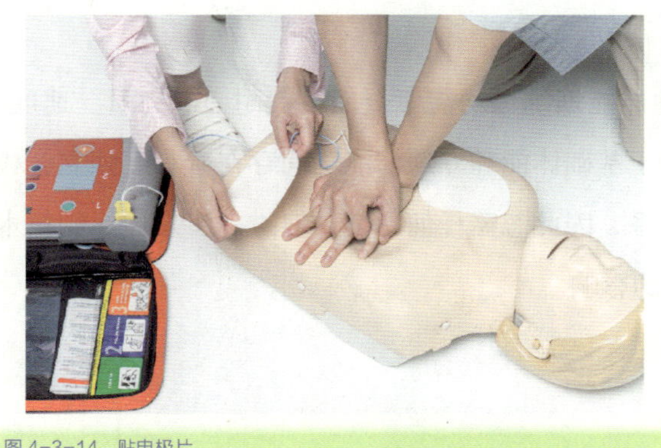

图4-3-14 贴电极片

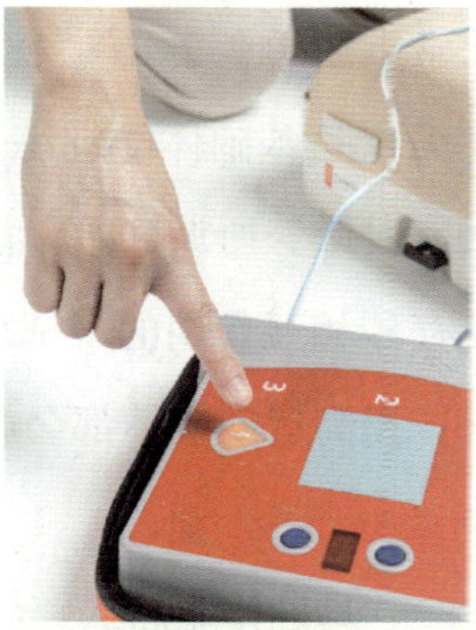

图4-3-15 按下电击键

（三）有效的体征和终止抢救的指征

（1）观察颈动脉搏动，有效时每次按压后就可触到一次搏动。若停止按压后搏动停止，表明应继续进行按压。如停止按压后搏动继续存在，说明病人自主心搏已恢复，可以停止胸外心脏按压。

（2）若无自主呼吸，人工呼吸应继续进行，或自主呼吸很微弱时仍应坚持人工呼吸。

（3）复苏有效时，可见病人有眼球活动，口唇、指甲床转红，甚至脚可动；观察瞳孔时，可由大变小，并有对光反射。

（4）当有下列情况可考虑终止复苏：

① 心肺复苏持续30分钟以上，仍无心搏及自主呼吸，现场又无进一步救治和送治条件，可考虑终止复苏。

② 脑死亡，如深度昏迷，瞳孔固定，角膜反射消失，将病人头向两侧转动，眼球原来位置不变等，如无进一步救治和送治条件，现场可考虑停止复苏；

③ 现场危险威胁到抢救人员安全，或急救医生认为病人死亡，无救治希望，可考虑终止复苏。

第四节　单板滑雪体能训练

体能是人体各器官系统在体育活动中表现出来的一种综合能力，包括身体形态、身体机能、健康水平和运动素质，是人体从事运动的生物物质基础。良好的体能是参与单板滑雪运动的基本条件，将体能训练与滑雪技术相结合，运用专门性的方法手段进行体能训练，从而使训练内容更科学，对预防运动损伤和提高滑雪技术有非常重要的意义。

无论是基础体能训练还是专项体能训练，均需要全面发展耐力、力量、速度、柔韧、灵敏、协调和平衡能力。由于基础体能和专项体能之间存在着相互独立、相互依存和相互作用的辩证统一的关系，因此忽略任何一方，对进一步发展运动技术水平，提高运动成绩都会产生不利的影响。

一、基础体能训练

（一）耐力素质练习

耐力素质是指人体肌肉长时间进行工作的能力。耐力素质是人体进行运动时重要的素质之一，任何项目都离不开耐力素质。根据人体运动时人体的能量供应特点，可以把耐力分为有氧耐力和无氧耐力。

1. 有氧耐力训练

（1）有氧耐力训练的负荷安排。少年运动员发展有氧耐力训练的强度相对较小。尤其是12岁以下的少儿运动员，训练中应只安排规定时间或距离的有氧跑。少年甲组（16~17岁）运动员的耐力训练可以接近成年人的训练量和强度。训练强度可以通过运动员的心率来控制，一般控制在150次/分钟左右较为适宜。少年运动员有氧耐力训练，可以安排20~40分钟有氧跑或5~15公里的距离有氧跑。

（2）有氧耐力训练的方法和手段。

持续训练法：可采用匀速持续跑、越野跑、法特莱克跑、变速跑等形式。

间歇训练法：可采用规定时间的间歇跑，规定距离的间歇跑。

重复训练法：可采用距离短于持续训练、强度大于间歇训练的内容反复练习，每次训练等完全恢复以后，再重复进行。

2. 无氧耐力训练

（1）无氧耐力训练的负荷安排。分为非乳酸能供能和乳酸能供能两种。前者练习时间控制在6~15秒左右；最大负荷强度90%~95%；间歇时间一般4~6分钟，确保运动员肌肉中ATP-CP的恢复。

（2）无氧耐力训练的方法和手段。

非乳酸能供能无氧耐力训练：可采用反复计时跑和不等距间歇跑等练习方法。

乳酸能供能无氧耐力训练：可采用固定段落或固定时间的间歇训练法和不同段落的间歇训练法等练习方法。

3. 耐力素质训练的注意事项

训练初期练习的速度和强度不宜过高；不同训练水平的学员应因材施教；耐力训练的距离和速度应逐步增加。

（二）力量素质练习

力量素质是指人体或人体某部位肌肉在人体活动中克服阻力的能力。这个阻力有人体本身活动造成的内部阻力和外界作用于人体的外部阻力。力量素质是改进专项技术的基础，是提高神经系统调节能力的手段，是改善身体形态的有效途径。力量素质包括最大力量、速度力量和力量耐力。

在人体的活动中，肌肉力量是通过肌肉收缩表现出来的。引起肌肉收缩的工作方式分为两种——动力性工作和静力性工作。动力性工作分为克制性工作和退让性工作，也就是向心收缩和离心收缩。静力性工作是指肌肉的长度不变，肌肉张力发生变化的肌肉工作形式。

力量素质训练首先要全面，既要发展大肌肉群的力量，也要发展小肌肉群的力量，使各肌肉群的力量得到均衡协调的发展。其次，力量素质的训练要考虑专项特点，根据项目的不同，训练方法和手段要有侧重和区别。第三，力量素质训练要循序渐进。第四，力量素质训练要考虑训练对象的年龄和性别特点。第五，力量素质训练要有连续性和计划性。第六，力量素质训练结束后要注意拉伸放松和恢复。

发展力量素质的训练，主要采用间歇训练法、重复训练法和循环训练法。

力量素质训练的注意事项：肌肉的紧张和放松练习交替进行，增加肌肉的弹性；力量训练动作与呼吸协调配合；增加练习的负荷，与学员训练水平的增长一致；确保练习动作正确。

（三）速度素质练习

速度素质是指人体快速运动的能力。它包括反应速度、动作速度和位移速度。

速度素质是竞技运动项目中的基础和核心，通过系统的速度训练，可有效提高力量、协调和灵敏素质。发展速度的训练主要采用间歇和重复训练法进行训练。

速度素质训练的注意事项：全面发展速度素质的反应速度、动作速度和移动速度。最高速度下完成动作的各种练习，注意安全，防止受伤。为了保证速度训练的质量和效果，在每日训练中先进行速度训练。

（四）平衡素质练习

平衡素质是指身体所处的一种姿态及在运动或受到外力作用时能够自动调整并维持姿势的能力。保持平衡是完成诸多运动技能的前提条件。平衡可分为对称性平衡、静态平衡和动态平衡三种。平衡的水平与前庭器官、本体感受器、视觉器官、大脑平衡调节、小脑共济协调及肢体肌肉力量等机能密切相关。

平衡素质训练的注意事项：疲劳时不进行平衡性练习；有目的和有计划经常性地进行平衡素质练习。

（五）柔韧素质练习

柔韧素质是指关节活动的幅度和范围。它能让关节活动自如，降低受伤的可能性。影响柔韧素质的主要因素有关节类型和结构，关节周围肌肉和韧带的强弱，温度，年龄和性别等。

柔韧素质的练习多采用主动性、静力性的练习方法。

柔韧素质训练的注意事项：柔韧性练习开始练习的动作幅度不宜过大；受伤或有疼痛的部位，避免过分的伸展练习；全面的练习部位和丰富的练习内容，对训练效果有良好的作用；常年坚持进行柔韧性练习；柔韧素质的训练应与力量素质的训练相结合。

二、专项体能训练

单板滑雪运动是一项具有危险性雪上运动项目，为避免或减少运动损伤的发生，在参与运动前有必要做好充分的基础体能储备。同时为更有效地提高运动水平，也要做好一定的专项体能储备。下面向大家简单介绍几种有效的专项体能训练方法。

1. 骑球平衡

骑球平衡练习主要发展学员的平衡能力，同时也能提高腰、腹和大腿的灵活控制能力。

练习方法：将健身球平稳放于地面，练习者双腿屈膝骑在球上，两臂侧平举，维持保持身体平衡。

动作要求：练习者双腿骑球平稳，不能坐在球上，双脚离地，背部挺直，抬头挺胸，目视前方（图4-4-1）。

图4-4-1　骑球平衡

2. 俯卧转髋

俯卧转髋练习主要锻炼练习者的腰部力量、手臂支持能力以及腿部的控制能力。

练习方法：准备动作是将健身球置于小腿位置，双手撑地，成俯卧支撑的姿势，开始动作是用一条腿支撑，另一条腿向上翻转抬起，上身姿势不变，动作结束时恢复到开始时的位置，反复进行练习。

动作要求：身体成一条直线，抬头，背部挺直，膝关节伸直，绷脚尖。动作开始后身体不要扭曲，支撑腿和翻转腿都要伸直（图4-4-2）。

图4-4-2　俯卧转髋

3. 靠球静蹲

靠球静蹲练习主要锻炼股四头肌的力量和膝关节的支撑能力。

练习方法：将健身球倚靠在背后，练习者背部挺直，两手自然下垂置于体侧，屈膝静止，反复练习。

动作要求：要求两脚平行开立与肩同宽，膝关节接近90°，大腿与地面平行，挺胸收腹，目视前方（图4-4-3）。

图4-4-3 靠球静蹲

4. 举球蹲起

举球蹲起练习主要是发展练习者的手臂力量、臀大肌、股四头肌和膝关节的灵活性。

练习方法：练习者手持实心球，臂伸直上举，保持臂伸直下蹲，站起，反复进行。

动作要求：要求两脚开立与肩同宽，腰部挺直，手臂持球伸直在头的正上方，目视前方，蹲屈充分（图4-4-4）。

图4-4-4 举球蹲起

5. 蹲起推抛球

蹲起推抛球练习主要是锻炼手臂力量、臀大肌、股四头肌和膝关节的灵活性，还锻炼练习者的肢体协同配合能力。

练习方法：练习者手持实心球，臂伸直上举，保持臂伸直下蹲、站起将球在头上抛出，反复进行练习。

动作要求：要求两脚开立与肩同宽，腰部挺直，手臂持球伸直在头的正上方，目视前方，蹲屈充分，尽量将球向上高抛（图4-4-5）。

图 4-4-5　蹲起推抛球

6. 仰卧蹬球

仰卧蹬球练习主要锻炼腹部肌肉、大腿、踝关节力量，以及下肢配合的协调性。

练习方法：练习者取半仰卧姿势，双肘关节支撑地面，两腿屈膝等球，当球抛过来后，迅速将球蹬出。

动作要求：此练习要求一人抛球，一人蹬球两个人同时完成，蹬出球时两腿同时用力，膝关节伸直，踝关节充分蹬伸（图 4-4-6）。

图 4-4-6　仰卧登球

7. 持球仰卧起坐

持球仰卧起坐练习主要锻炼腹部肌肉、上臂肌肉群、腿部力量以及全身配合的协调性。

练习方法：练习者平躺双手上举持球，以腰部中心，仰卧起坐将球放于小腿上方，之后平躺过渡后再仰卧起坐将球拿起，恢复持球平躺的姿势。

动作要求：此练习一人完成，仰卧起坐时要求上体尽量靠近腿部充分折叠，小腿持球时要控制球的平稳（图4-4-7）。

图4-4-7　持球仰卧起坐

8. 直腿仰卧接抛球

直腿仰卧接抛球练习主要锻炼腹部肌肉、上臂肌肉群全身配合的协调性。

练习方法：此练习由两人完成，一人接球，一人抛球交换进行；练习者坐姿接抛球，接球后平躺过渡后迅速起坐将球抛出，反复进行练习。

动作要求：接球人采取坐姿，接球平躺后充分伸展身体，起坐抛球时要求腹部紧张，并尽量远抛，但要保持两腿不弯曲（图4-4-8）。

图4-4-8　直腿仰卧接抛球

9. 俯卧撑接抛球

俯卧撑接抛球练习主要锻炼胸大肌、肱二头肌、腹直肌，以及全身的协调配合。

练习方法：此练习由两人完成，一人抛球，一人接球俯卧撑交换进行；接球人先做俯卧撑，之后跪地起身接球，然后迅速地将球抛出，再做下一个俯卧撑，反复练习。

动作要求：接球人采取跪姿俯卧撑，胸前接球，身体前倾，尽量将球远抛，两手臂伸直（图4-4-9）。

图4-4-9 俯卧撑接抛球

10. 体转抛球

体转抛球练习主要锻炼腰部、手臂的力量，以及下肢的蹬转发力连贯性的协同配合。

练习方法：练习者手持实心球，双臂伸直侧下方持球，起身转体将球向对方抛出，反复进行练习。

动作要求：两脚左右开立，背部挺直，双手持球伸直置于侧下方，目视前方，尽量将球远抛（图4-4-10）。

图 4-4-10　体转抛球

11. 绳梯开合跳

绳梯的训练主要是针对滑雪的专项技术而进行，锻炼下肢力量和各关节屈伸动作的协调性等。

练习方法：纵向面对绳梯，以绳梯为中心，沿着绳梯的每个方格做行进间的开合跳跃，向内是并腿跳跃，向外是分腿跳跃，连贯进行，同时双手臂协调进行前后摆动。

动作要求：身体微屈膝状态，身体的重心微微前倾，手臂的摆动和跳跃配合协调，目视前方（图 4-4-11）。

图 4-4-11　绳梯开合跳

12. 左右跳跃绳梯

保持微蹲屈姿势进行横向的左右跳跃，模拟滑雪过程中身体倾斜并保持平衡的技术动作，从而提高雪上技能。

练习方法：侧面对着绳梯，并以绳梯为中心，双脚同时发力进行横向的来回跳跃，双脚落地后马上起跳，连贯进行，每个方格做一次跳跃。

动作要求：双脚同时发力，同时起落，向侧前方跳跃，行进间跳跃不间断，双手臂在身体两侧协同配合，起到带动和维持身体平衡的作用（图4-4-12）。

图4-4-12　左右跳跃绳梯

13. 单脚跳跃绳梯

单脚跳跃绳梯练习可以增强膝、踝关节的力量，为滑雪奠定了体能基础。同时跳跃的节奏感同滑雪转弯的节奏感类似，从而提升雪上技能。

练习方法：纵向面对绳梯，目视前方，单脚进行跳跃，每个方格跳跃一次，双臂配合自然摆动，双脚交替进行。

动作要求：掌握好跳跃的节奏，匀速向前进行，前脚掌着地，跳跃要有高度，落地要有蹲屈缓冲（图4-4-13）。

图4-4-13　单脚跳跃绳梯

14. 平衡垫练习

这个练习主要是锻炼平衡能力，同时大腿和小腿的肌肉也会得到锻炼，有利于滑雪者下肢对滑雪板的控制。

练习方法：练习者两脚同时踩在平衡垫上，做蹲屈的姿势，两手合拢前伸。

动作要求：两脚一齐，踝关节、膝关节各成70°角，大腿与地面平行上体前倾成30°角，两手提前合拢前伸（图4-4-14）。

图4-4-14 平衡垫练习

【思考题】

1. 简述滑雪者行为准则。
2. 简述单板滑雪常见的运动损伤。
3. 简述心肺复苏的操作程序。
4. 举例说明单板滑雪平衡训练的特点。

5 第五章 单板滑雪客户服务与沟通

【学习目标】

1. 了解单板滑雪客户服务原则。

2. 学习客户服务语言沟通技巧。

3. 掌握单板滑雪英文教学术语。

【导言】

本章介绍了客户服务及服务原则，单板滑雪客户的种类及需求；重点介绍了常用的滑雪英语和技术术语。本章的学习旨在提高滑雪指导员的客户服务和沟通能力，加强滑雪指导员的英语教学和沟通交流能力。

第一节　滑雪客户服务

客户服务是一种以客户满意为导向的价值观，旨在整合与管理所有与客户相关的要素，以提高客户满意度和忠诚度。客户服务的第一要素是满足客户的需求。客户的分类很多，而服务就是要满足不同种群的客户，客户服务就要尽量满足客户需求和期望，为企业获得最大的利益。

滑雪客户作为滑雪指导员的基本服务对象，在滑雪教学中占十分重要的地位。滑雪客户的技术掌握程度、滑雪客户与指导员的沟通情况及其对授课的满意程度直接影响到滑雪指导员的服务质量，因此，良好的客户服务在滑雪指导过程中是不可或缺的。

一、客户服务原则

作为单板滑雪指导员，客户服务必须遵循以下原则。

1. 服务第一的原则

客户服务作为企业和公司的“窗口”，代表本行业的形象，工作中应做到“热情、礼貌、耐心、诚恳”，服务客户。

2. 实事求是的原则

一切从实际出发，满足不同阶层人士的正当合理的要求，实事求是，讲求实效。

3. 分级负责的原则

谁主管，谁负责，不推诿，不扯皮，不拖拉，切实履行自己的职责。

4. 高效务实的原则

对反映的问题，按照工作程序，力求在最短的时间予以处理、答复；对突发事件，应根据急事急办、特事特办和难事尽力办的原则办理。

5. 依据政策的原则

对所反映的符合政策规定的问题，应及时转办、落实，尽快解决；对条件不具备的问题，要耐心解释；对要求过高的问题，要耐心疏导，求得理解。

6. 保守秘密的原则

不随意外传客户个人的相关信息，要严守秘密，做好保密工作。

7. 对客户负责的原则

对客户的要求、意见、建议等内容要认真记录，并及时转办、落实。

二、常见客户分类

用适当的方式与不同类型的滑雪客户进行有效的沟通和交流，需要一定的方法和技巧。

1. 慢听型客户

慢听型客户是指听别人说话漫不经心，注意力不集中的客户。滑雪指导员在努力地陈述自己观点的时候，客户没有关注而是思想在开小差。对待这种类型客户，应不时地与其保持目光接触，使其专注于你的讲话，并不断地向其提一些问题，讲一些其感兴趣的话题，提升注意力。

2. 浅听型客户

浅听型客户是指只能停留在事物的表面，不能深入问题实质的客户。这类客户常常忙于揣摩别人接下去要说什么，很容易受到干扰，甚至喜欢断章取义，不想听别人完整的表述。对待这种客户应简明扼要地表述，并清楚地阐述观点和想法，不要长篇大论。

3. 技术型客户

技术型客户会很努力地倾听滑雪指导员的讲话。客户只根据滑雪指导员所讲的内容进行判断，他们比较多地关注内容而较少地顾及感受。对技术型客户，应尽量多地提供事实和提出自己的观点，并让客户积极反馈。

4. 积极型客户

积极型客户倾听时在智力和情感两方面都做出努力，会着重领会所说的重点且注重思想和感受。对积极型客户，应该注意选择客户感兴趣的话题，运用语言表达技巧，多与他们进行互动反馈。

三、语言沟通技巧

滑雪指导员的主要任务是教会滑雪客户滑雪技术，其效果好坏与滑雪指导员的人际关系处理能力有关。这种人际关系的处理需要一个沟通过程，服务和沟通可以实现滑雪指导员与客户之间的良好互动，达到双赢的效果（图 5-1-1）。

图 5-1-1　客户服务和沟通

如果不能有效地沟通，任何积极的想法都将失去意义。沟通创造需求，了解客户的想法、意见、需求可以改变服务的理念、特色和效益。在与滑雪客户的沟通过程中，什么时候应该保持沉默，什么时候应该表扬鼓励，什么时候该用肢体语言，都需要找好时机。

1. 掌握有效的沟通技巧

服务人员的语言是否热情、礼貌、准确、得体，直接影响客户是否聘请滑雪指导员，并且会影响整个滑雪学校的形象。一名优秀的滑雪指导员的言行，应具备以下几点。

（1）讲解技术语言要有逻辑性，层次清晰，表达清楚简洁。

（2）突出滑雪技术的重点和要点。

（3）说话真实、准确。

（4）说话文明。

（5）话语因人而异。

（6）能适时调整自己的音量和讲话速度。

2. 掌握适度的身体语言

当与客户进行面对面的沟通时，身体语言更能表露内心的感觉和想法（图5–1–2）。为表现出对客户的热情、友好、尊重和坦诚，更有效地与客户进行沟通，应注意采用下列积极的身体语言。

（1）面部表情平静、专注、真诚。

（2）保持目光交流。

（3）与客户保持适度的空间距离。

（4）语调平静、自然、亲切。

（5）穿着得体大方。

图 5–1–2　面对面的沟通

3. 打造引人入胜的开场白

（1）友好地问候。

（2）花时间介绍自己，让学员彼此见面相识，建立融洽的关系，建立个人和集体信任。

（3）谈话风趣生动，创建有趣的、支持性的持续学习环境。

（4）使用尊称。

（5）明确界定整个课程的进程和结果。

（6）交换联系方式。

4. 寻找融洽交流的话题

（1）寻找客户之间的共同点。

（2）根据客户的个性和情绪，因人而异地寻找话题。

（3）给客户留有一定的空间。

5. 准确地讲解教学信息

（1）根据每个学员和集体的表现与参与情况，合理调整指导员的教学信息量和指导实践的节奏。

（2）清楚地沟通并准确地演示特定的滑雪技术动作，将这些技术动作与教学的预期效果紧密衔接。

（3）使用核心的概念引入教学想法。

（4）指导学员严格执行良好的技术动作，感觉要点。

6. 积极指导实践，提供教学反馈

（1）提供与每个学员运动技术和滑雪技能相关的及时、准确的技术反馈信息。

（2）培养学员的自身实践和自我反馈能力。

（3）根据学员口头陈述的概念、运动技术或任务的理解能力，检验学员的认知理解水平。

（4）通过提出的问题和与学员之间关于运动技术、感觉和概念的交流，了解学员的理解程度，为后期教学提供参考。

（5）根据学员需求提供课后额外的练习和反馈，便于学员理解和强化技术。

7. 学会推销自己

（1）适时进行专业技能展示。

（2）端正服务态度，树立形象。

（3）传授专业的知识和技能。

（4）充分调动客户的积极性。

四、滑雪客户的维护

滑雪客户的维护，就是指在已建立的滑雪指导员与客户的关系的基础上，促使客户再次或多次聘请滑雪指导员的过程。客户维护的核心是让客户不但对学习滑雪感兴趣，而且要让客户感受到指导员良好的态度，最终形成比较稳定的滑雪指导员与客户间的利益与情感关系。想要强化这种关系，必须从滑雪指导员的能力出发。

（一）提高滑雪指导员的个人技术

1. 理论培训

任何体育活动均需以理论知识为基础，滑雪运动亦不例外。技术的提升必须从理论层面入手。如果说技术是衡量运动水平的关键指标，那么理论则是评价技术的前提。在大众滑雪领域，“滑雪指导员”这一称谓取代了传统的“教练”，其职责在于传授滑雪技术动作，指导学员能在不依赖任何他人辅助的情况下，独立从坡上有控制的滑下并在所需位置停止，即被视为掌握了基本技能。然而，对于具体的滑行技巧，如身体重心起伏与动作方向、各部位的用力方式等，学员往往缺乏清晰的认识。滑雪指导员必须掌握相关的理论知识，以便更科学、系统地指导学员深化对滑雪运动的理解。

2. 技能培训

技能是人们在活动中运用知识和经验通过练习而完成某种任务的动作方式，简单来说，技能就是通过所学的知识来完成某项运动的能力。如滑雪者运用各种技术滑行的能力就是一种技能。技能是评价运动等级的标准，技能水平分高低，滑雪指导员也分等级。成为一个合格的滑雪指导员必须达到相应的技能水平。

3. 培训内容

培训按滑雪指导员的等级来划分，不同等级的培训，内容不同。

培训是一种有组织的知识传递与技能传递的行为，培训的目的是传递统一的技术规范、知识和信息，以及熟练地演练技能，让每一个人都能达到预期的水平，提升个人综合能力。培训约等于教学，但不同于教学；教学是有针对性的，而滑雪指导员的培训是相对开放性的，即培训只能提升普通层面的知识，更深层次的内容需要滑雪指导员自己不断地摸索，总结经验。滑雪指导员对客户的知识传授则属于教学范畴，是把前人的经验和自己的经验再次传授的过程。

4. 培训时间

制定培训时间是很有必要的，就像合理的安排好训练间歇一样，既要考虑到培训对象的接受能力，还要考虑到培训的效果，时间不能过长或过短。人集中注意力的时间是有限的，要保证培训效果，就必须在时间安排上下功夫，合理的时间安排有助于实现培训的意义。

（二）提升滑雪指导员的教学能力

1. 讲解能力

讲解能力（语言表达能力）是指在说话、讲解的过程中运用合理的字和词的能力。人与人沟通最重要的就是语言，如果一个人的语言表达能力强的话，那么聆听者会清晰地理解说话人的意图。作为滑雪指导员，语言表达能力是至关重要的，体现为如何让客户快速地理解你的指导思想并学会滑雪。滑雪指导员的语言表达能力要具备很多要求，如说话清晰、连贯、准确、精炼等，而提高语言表达能力的方法也有很多。

（1）多听。多听是在别人交流的时候多听别人的说话方式，从中学习好的说话技巧，也就是说，滑雪指导员应该多听取别人的教学经验以及表达方式，针对不同的人群采用适当的表达方式，这样才会有好的教学效果。在遇到动作不协调或者理解能力差的客户的时候，指导员才能有更好的应对办法，以免手忙脚乱、不知所措。

（2）多说。多说并不是千篇一律，乱说一气，而是有准备、有计划、有条理地说。滑雪指导员可以自己准备一套教学方案，然后说给同事或者说给上级听，这也是练习语言表达能力的一个过程。要多做演讲，多做报告，从中总结经验，提高语言表达的条理性。

（3）多读。多读书，培养好的阅读习惯，从书中汲取语言表达的方式和技巧。知识会增加语言的材料，滑雪指导员更注重的是理论知识的积累，而且要有侧重点。读书不能一概而论，从书中汲取正确的理论知识，加上清晰、简洁的语言表达，才能很好地提高教学效果。

2. 示范能力

所谓示范就是指做榜样，供人们学习。这是滑雪指导员最应具备的能力之一。示范的目的是让客户更好地学习滑雪的技术动作，学员通过观察指导员的动作来模仿，才能更好地掌握技术。示范的作用是让客户了解该技术动作的整个过程，方便学习与模仿，这与语言表达能力一样，都是提高学习效率的一种手段。滑雪指导员具备良好的示范能力，可以让客户更快地接受知识的传递，这也是教学的一种方式。提高滑雪指导员的示范能力必须从滑雪技术入手。首先在学习滑雪的过程中指导员应该要求自己把动作做标准、规范；其次是勤加练习，争取形成动作的自动化，也就是所谓的熟能生巧；最后在教学过程中既要通过语言进行表达、讲解，又要结合动作示范，这样才会帮助学习者更好、更快地学习该动作。

3. 组织能力

滑雪指导员的组织与管理能力是确保教学活动顺利进行的关键因素。在单板滑雪教学过程中，指导员将面对不同技术水平、生活背景、年龄层次的学员，这些学员的需求和行为表现往往存在一定差异。为了适应这种多样性，指导员必须具备出色的课程设计与组织能力，以确保教学活动的连贯性和有效性。例如，在面对众多性格迥异的学员时，滑雪指导员可能需要同时指导多位客户。这些客户中，有些可能喜欢频繁提问，技术要求细致急切；而另一些学员可能倾向于按照自己的理解行事，不太听从指导。在这种情况下，滑雪指导员的组织协调艺术显得尤为重要，他们需要确保所有学员都能够遵循统一的指导，从而使得教学效果保持稳定一致，氛围和谐。

第二节　英文教学术语

单板运动的很多术语来源于国外，所以在单板滑雪教学中英文术语的使用率是比较高的。

一、客户沟通基本用语

1. 了解基本信息

滑雪者（Skier）：你好，你是滑雪教练李洋吗？

Hello, are you Li Yang, the instructor of the team?

指导员（instructor）：是的，见到你很高兴。欢迎你加入我们的队伍。

Yes, glad to meet you. Welcome to join our team.

指导员（instructor）：你（们）好吗？我是单板滑雪教练。欢迎大家来参加本次滑雪课程。你们就叫我李教练吧，我应当怎么称呼你们呢？请大家各自介绍下自己。

Hi, I am your instructor Li Yang. Welcome to the snowboarding course. You can call me Mr. Li. What should I call you? Please introduce yourselves.

滑雪者（Skier）：我叫王明，今年20岁。

My name is Wang Ming, I'm 20 years old.

指导员（instructor）：你的身高体重是多少？

What's your height and weight?

滑雪者（Skier）：我180公分，70公斤。

I'm 180 cm and 70 kg.

指导员（instructor）：你是做什么工作，你经常参加体育锻炼吗？

What do you do? Do you often take exercises?

滑雪者（Skier）：我是大学生，在学校经常锻炼。

I'm a college student, and I often take exercises in my school.

指导员（instructor）：比较喜欢什么体育项目？

What kinds of sports do you like?

滑雪者（Skier）：篮球，游泳。

Basketball and swimming.

指导员（instructor）：身体是否有过伤病？

Have you ever been injured?

滑雪者（Skier）：是的，小腿曾肌肉拉伤过。

Yes, I have suffered a calf strain.

指导员（instructor）：现在是否已痊愈了？

Are you completely recovered now?

滑雪者（Skier）：是的。/ 不，我原来的旧伤还没好。

Yes. / No, I'm not recovering from my old wound.

指导员（instructor）：曾经滑过雪吗？

Have you ever skied?

滑雪者（Skier）：是的。/ 从来没有。

Yes. / No, never.

指导员（instructor）：那么来参加单板滑雪课的目的是什么？是要锻炼身体提高滑雪技术，还是为了培养兴趣或是人际交往等？

What's your purpose of taking the snowboarding course? Is it for exercising your body and improving skiing skills, or for developing interests and communicating with others?

滑雪者（Skier）：主要是为了锻炼身体。

Mainly for exercising my body.

滑雪者（Skier）：我是新手，能给我一些指导吗？

I'm a beginner. Could you give me some instruction ?

指导员（instructor）：当然，单板滑雪是滑道变幻的高速运动。它分速度系列和公园系列两种。速度系列包括单板滑雪平行大回转和追逐赛。技术系列包括大跳台，坡面障碍技巧与U型池。

Sure. Snowboarding is a high-speed discipline with various runs downhill and super-giant slalom. It includes speed and Park & Pipe disciplines. Speed disciplines include snowboard alpine and snowboard cross. Technical disciplines include big air, slopestyle and half pipe.

滑雪者（Skier）：各种类型有何不同？

What're the differences between each type of snowboarding?

指导员（instructor）：单板滑雪各项目之间的区别在于高度差、地形和坡度、旗门的数量等。

Height difference, terrain and slope, number of gates varies between each type of alpine snowboarding.

滑雪者（Skier）：单板滑雪的规则呢？

Any rules for snowboarding?

指导员（instructor）：滑雪人在滑雪时必须尊重别人，超过别人时要留足够的空间，还要根据情况调整速度和滑雪方式。

Yes, skiers must respect others while snowboarding, allowing enough rooms while overtaking, and adapt his speed and way of snowboarding to the conditions.

滑雪者（Skier）：最基本的技巧是什么？

What's the basic skills for snowboarding?

指导员（instructor）：滑雪者要保持直线和安全的速度，避开任何主要障碍，保持平衡。

Skiers must maintain a straight line and a safe speed, avoid any major obstacles and keep balance.

滑雪者（Skier）：嗯，恐怕这很难。

Well, I'm afraid it's difficult.

指导员（instructor）：学习滑雪是一个渐进的过程。你学的最初技巧是最安全的，也是最容易的。

Learning of snowboarding is a gradual process. The first techniques that you learn are the safest and the easiest for beginners.

滑雪者（Skier）：谢谢！

Thank you.

2. 讲解注意事项

购买合适的装备。在商店购买装备时请确保滑雪板固定装置可以正常使用。

Obtain proper equipment. Be sure to have your snowboarding bindings adjusted correctly at a local ski shop.

购买滑雪服时，要选防水防风的面料。注意风襟能遮挡住拉链，袖口和裤口松紧要适当，能保持手腕和脚踝的舒适，衣领可以紧贴下巴，衣绳可以调节松紧并且能防止进风。

When buying skiwear, look for fabric that is water and wind-resistant. Look for wind flaps to shield zippers, snug cuffs at wrists and ankles, collars that can be snuggled up to the chin, and drawstrings that can be adjusted for comfort and aid in keeping the wind out.

做好准备。当行进到雪道时，要扎好头巾或戴上帽子。要知道身体散失热量的60%是从头部散失的。还要戴好手套。

Be prepared. Bring a headband or hat with you to the slopes; remember that 60% of heat loss is through your head. Wear gloves or mittens.

做好防晒工作。太阳在雪中的反射比想象的还要强烈，即使在阴天也是如此。

Wear sun protection. The sun reflects off the snow and is stronger than you think, even on cloudy days.

始终戴好护目器具。佩戴太阳镜和防护镜，会发现更多滑雪的乐趣。

Always wear eye protection. Have sunglasses and goggles with you. Skiing and snowboarding are a lot more fun when you can see.

需要穿舒适的滑雪鞋。

Your boots must be comfortable.

穿上滑雪鞋踝关节应能弯曲。

Your boots must allow you to bend your ankles.

初学者应选择较短的滑雪板。

The beginners should choose shorter snowboard.

滑行时，服装应能让你活动自如。

When sliding, your jacket should allow a good range of movement.

要听从滑雪指导员的安排，不可贸然行事，以免事故发生。

You must follow your instructor and do not act rashly in case of having accident.

备好充足的御寒衣物，以防天气突变。

Prepare enough food and clothes in case of the changeable weather.

3. 遵循滑雪原则

（1）尊重原则（Respect for others）

无论双板还是单板滑雪者，都应该遵循以下行为准则：绝不做出将会损伤或致使他人受伤的行为。

A skier or snowboarder must behave in such a way that he does not endanger or prejudice others.

（2）自控原则（Control of speed and skiing or snowboarding）

无论双板还是单板滑雪者，都应当让自己的滑行处于可控范围之内。其滑行速度和方式应当和其个人滑雪水平相符，并且应根据地势、雪质、天气和雪场人口密度来选择以何移方式滑行。

A skier or snowboarder must move in control. He must adapt his speed and manner of skiing or snowboarding to his personal ability and to the prevailing conditions of terrain, snow and weather as well as to the density of traffic.

（3）选择安全线路原则（Choice of route）

后方滑雪者务必要选择不危及前方滑雪者的线路滑行。（前方滑雪者有雪道使用的优先权）

A skier or snowboarder coming from behind must choose his route in such a way that he does not endanger skiers or snowboarders ahead.

（4）超越原则（Overtaking）

从后方或侧方超越其他滑雪者时，必须保持足够空间距离，使被超越的滑雪者能够做任何自主或非自主的动作。

A skier or snowboarder may overtake another skier or snowboarder above or below and to the right or to the left provided that he leaves enough space for the overtaken skier or snowboarder to make any voluntary or involuntary movement.

（5）进入雪道、启动、爬坡原则（Entering, starting and moving upwards）

当滑雪中途稍做休息重新开始进入雪道，或者向坡上攀爬时，务必抬头向坡上和坡下观望，保证不危及自己及其他人的安全。

A skier or snowboarder entering a marked run, starting again after stopping or moving upwards on the slopes must look up and down the slopes that he can do so without endangering himself or others.

（6）停止地点原则（Stopping on the piste）

除非必须，滑雪者应避免停留在赛道、狭窄的雪道、视线易受阻的地方，若经过上述地点，请尽快通过。

Unless absolutely necessary, a skier or snowboarder must avoid stopping on the piste in narrow places or where visibility is restricted. After a fall in such a place, a skier or snowboarder must move clear of the piste as soon as possible.

（7）两侧行走原则（Climbing and descending on foot）

如需在雪道上行走时，请务必在雪道两侧。

A skier or snowboarder either climbing or descending on foot must keep to the side of the piste.

（8）注意警示标识原则（Respect for signs and markings）

请滑雪者务必对信号牌、指示牌和指示物保持足够的重视。

A skier or snowboarder must respect all signs and markings.

（9）协助原则（Assistance）

一旦遇见事故，每个滑雪者都有义务去帮助受伤的人。

At accidents, every skier or snowboarder is duty bound to assist.

（10）事故确定身份原则（Identification）

事故后的滑雪者或目击者，无论是否有相关责任，都应该彼此留下联系方式。

Every skier or snowboarder and witness, whether a responsible party or not, must exchange names and addresses following an accident.

二、滑雪常用语

在滑雪训练中，技术教学是核心。在学员对动作从了解至掌握的过程中，最关键的是滑雪指导员能否把动作要领准确地表达出来。本节根据滑雪指导员的需要列出了滑雪方面的基本英语词汇，并针对滑雪中各项技术做了充分的介绍，目的在于使滑雪指导员更好地用英语进行体育专业的交流，增长和丰富其体育、英语两方面的知识，并能在现实生活中灵活运用。

1. 雪场设施和装备

雪场 ski resort

雪道 slope/trail

高山滑雪道 alpine skiing trails

初级雪道 preliminary trails

中级雪道 intermediate trails

高级雪道 advanced trails

顶峰 top

滑雪道停止区 stop skiing area

慢滑区 slow zone

U形场地 halfpipe

单板公园 terrain park

比赛专用赛道 competition trails

儿童教学专区 kids teaching zone

售票处 ticket office

入口 entrance

出口 exit

售票处 ticket office

咨询台 information desk

存衣柜 locker

游客服务中心 visitor service center

失物招领处 lost and Found Office

小件寄存 left luggage

滑雪服出租 ski suits returning

医务室 clinic

雪具大厅 ski equipment hall

戏雪区 snow entertainment

雪道维护 grooming

缆车票 lift pass

雪崩信标 avalanche beacon

雪崩控制 avalanche control

禁止进入 out of bound

平坦的雪道 milk run

山体落差 vertical drop

裂缝 crevasse

冰壳 crust

冻住的雪块 death cookies

粉雪 dump

处于半化状态的雪 mashed potatoes

设施 facilities

造雪机 snow maker

压雪机 snowcat

安全设施 safety equipment

标志物 marker

魔毯 magic carpet

吊箱式索道 gondola

缆车中站 middle station

缆车 the cable car gondola-lift

吊椅 chair lift

装备 equipment

滑雪鞋 ski boots

滑雪帽 ski cap

滑雪服 ski wear

滑雪杖 ski pole

滑雪镜 goggles

雪圈 snow tubing

手套 gloves

头盔 helmet

护膝 knee pad

护肘 elbow pad

滑雪裤 ski pants

单板 snowboard

双板 skis

板头 tipped ski

板尾 tailed ski

止滑器 ski break

固定器 binding

雪蜡 wax

自动固定器 step-in binding

板底 base

鞋垫 footbed

两头翘的滑雪板 twin tip

救护船 sledge

2. 滑雪项目

单板滑雪 snowboard

越野滑雪 cross-country skiing

高山滑雪 alpine skiing

北欧两项 nordic combined

跳台滑雪 ski jumping

自由式滑雪 freestyle skiing

冬季两项 biathlon

短距离 sprint

个人赛 individual

追逐赛 pursuit

集体出发 mass start

接力 relay

混合接力 mixed relay

个人标准台 normal hill individual

个人大跳台 large hill individual

回转 slalom

大回转 giant slalom

超级大回转 super-G

滑降 downhill

高山滑雪全能alphined combined

空中技巧aerials

雪上技巧moguls

障碍追逐snowboard cross

U形场地技巧snowboard halfpipe

坡面障碍技巧snowboard slopestyle

平行大回转parallel giant slalom

障碍追逐snowboard cross

大跳台big air

3. 装备使用

单板滑雪服snowboard wear

上衣要宽松，衣袖应以向上伸直手臂后略长于手腕部为标准。

The jacket should allow a good range of movement and the sleeves should be longer beyond the wrist when arms are raised.

袖口应为缩口并有可调松紧的功能。

The cuffs should be necked and have elastic ropes or bands.

裤腿下开口有双层结构，带防滑橡胶的松紧收口，防止进雪。

The lower pant-legs have a double layer which is necked with non-slip rubber to keep the snow out.

滑雪鞋ski boots

初学者应选择轻便、灵巧、易于携带的滑雪鞋。

The beginners should choose lightweight and portable boots.

技术好的滑雪者，可选择能将脚与滑雪鞋紧紧连为一体的滑雪鞋。

High-level skiers could choose the boots that fit the feet straitly and tightly.

滑雪镜goggles

防风、防雾、防紫外线这是最关键的。

The essential part of goggles is that they could keep from wind, fog and UV.

三、单板滑雪技术术语

左脚前站姿regular

右脚前站姿goofy

抓板 grab

落叶飘“Z”字滑行 falling leaf

搓雪转弯 skidded turns

用刃转弯 edged turns

全刃滑行 carverd turns

山上侧转体 alley oop

三周转体翻腾 triple cork

道具横滑 boardslide

直线飞跃 air to fakies

向站姿相反方向滑行 fakie

前脚起跳 ollie

后脚起跳 nollie

双脚直跳 pop

前手 front hand

前脚 front foot

后脚 rear foot

后手 rear hand

前刃 toe edge

后刃 heel edge

平行类项目 parallel events

追逐赛 snowboard cross

自由式项目 freestyle

U 型场地 halfpipe

单板滑雪大跳台 big air

坡面障碍技巧 slop style

四、技术原理用语

1. 纵向运动

纵向运动沿滑雪板纵向发生，这个方向的身体运动通常也被称为“fore and aft”，用于引导和移动压力。

Longitudinal movement exist along the length of the snowboard. Movements in these directions are commonly referred to as fore and aft movements and are used to direct pressure.

2. 旋转运动

旋转运动围绕一个垂直轴（脊柱）发生，通过驱动一个杠杆臂，传导旋转力，进行逆时针或顺时针的旋转（在单板滑雪中，我们通常与前刃和后刃关联描述）。

Rotational movement exist around a vertical axis (our spine). Rotary force is applied through a lever arm and can be in a clockwise or anti-clockwise direction (although for snowboarding purposes we often relate it to the toe or heel-side edge).

3. 横向运动

横向运动是穿过滑雪板向滑雪板两侧的运动，也可以描述为从一边刃到另一边刃的运动。

Lateral movement exist across the width of the snowboard, which can also be described as movements from edge to edge.

4. 垂直运动

垂直运动垂直于滑雪板发生，通常是指屈曲和伸展运动，即单个或多个关节的屈曲和伸展。

Vertical movement occur perpendicular to the snowboard and are referred to as flexion and extension. This refers to the bending or straightening of one or more of the joints.

【思考题】

1. 简述滑雪客户服务原则。

2. 简述常见滑雪客户分类。

3. 作为一名单板滑雪指导员，请用英文做自我介绍。

读者意见反馈

为收集对教材的意见建议，进一步完善教材编写并做好服务工作，读者可将对本教材的意见建议通过如下渠道反馈至我社。

咨询电话 400-810-0598

反馈邮箱 gjdzfwb@pub.hep.cn

通信地址 北京市朝阳区惠新东街4号富盛大厦1座

高等教育出版社总编辑办公室

邮政编码 100029

防伪查询说明

用户购书后刮开封底防伪涂层，使用手机微信等软件扫描二维码，会跳转至防伪查询网页，获得所购图书详细信息。

防伪客服电话

（010）58582300